ISAURE D'AUBIGNIE.

TOME TROISIÈME.

ISAURE D'AUBIGNIE,

IMITATION DE L'ANGLAIS.

PAR PIGAULT MAUBAILLARCQ,

MEMBRE CORRESPONDANT
DE LA SOCIÉTÉ PHILOTECHNIQUE,
AUTEUR DE LA FAMILLE WIÉLAND,
OU LES PRODIGES.

> La morale a besoin, pour être bien reçue,
> Du masque de la fable, ou du charme des vers;
> La vérité plaît moins quand elle est toute nue.
>
> BOUFFLERS.

TOME TROISIÈME.

PARIS,
CHEZ BARBA, LIBRAIRE, AU PALAIS-ROYAL,
derrière le Théâtre-Français, n° 51.

DE L'IMPRIMERIE DE MAME.
1812.

ISAURE D'AUBIGNIE.

LETTRE XXXI.

Le même au même.

Depuis mon arrivée les fêtes, mon ami, se sont succédées au point que j'en suis fatigué, excédé. On croit faire plaisir à mon oncle, on croit seconder ses vues et me distraire de mes souvenirs en me mettant à même d'admirer les talens et les grâces de mademoiselle d'Orville: mais on a beau la faire danser, chanter et rire, on n'y gagnera rien; et l'on épuisera plutôt cette petite créole que l'on ne parviendra à me la faire trouver aimable. J'ai vu danser Isaure, je l'ai entendue chanter, je me suis enivré des sons célestes qu'elle tirait de sa harpe; je l'ai vue dans ses jours heureux faire le charme d'une société choisie par son aimable enjouement, par les agrémens de son esprit. Comment pourrais-je m'intéresser à de misérables parodies, me prêter à admirer de ridicules caricatures! Je ne me croyais pas capable d'ingratitude; cependant tous les efforts de cette jeune personne pour me plaire ne font qu'augmenter de plus en plus mon aversion pour elle.

J'ai rencontré dans quelques-unes de ces fêtes le certain Mery. Il paraît, à tous égards, mériter la réputation dont il jouit. Il a l'air faux, méchant, spadassin, et semble m'honorer de son courroux. Il a bien tort, car je suis dans le vrai un rival bien peu redoutable. Je lui abandonne de grand cœur sa conquête, et je ne me sens aucune envie de la lui disputer. En les observant l'un et l'autre avec attention, j'ai cru remarquer entre eux quelques signes d'intelligence, qui annoncent que leur liaison n'est rien moins que rompue. Mademoiselle d'Orville me voyant si peu d'empressement près d'elle, et craignant avec raison de ne pas réussir à me captiver, croit sans doute devoir, en fille prudente, se ménager une ressource, mettre son galant en réserve, et le garder pour son pis-aller. Elle a certainement raison ; car j'avoue que je me conduis avec elle de manière à lui ôter toute espérance. D'un autre côté, la fortune de mon oncle, qu'on lui a fait entendre qu'elle ne pouvait posséder qu'en m'épousant, la tente et l'encourage à tout employer pour vaincre mes dédains. Cette conduite, au surplus, prouve qu'elle ignore encore la menace que m'a faite mon oncle de lui laisser cette fortune si je m'obstine à ne pas l'épouser. Peut être aussi, mon ami, n'est-ce qu'une menace qu'il ne pousserait pas jusqu'à l'exécution. N'importe, si elle en était prévenue, elle ne manquerait pas de faire autant d'efforts, pour se rendre détestable et me fortifier dans ma résolution de ne jamais lui appartenir, qu'elle en fait maintenant pour me captiver et pour se rendre aimable; mais je doute qu'elle parvînt à y mieux réussir.

Si mes conjectures sont fondées, si elle cherche en effet à se conserver Mery, elle ne peut y parvenir qu'en lui faisant accroire que je suis le seul obstacle à leur union; que je veux l'épouser pour rétablir ma fortune, et qu'on la contrarie en me destinant sa main. Mais aussi je dois craindre, lorsqu'elle sera convaincue que je suis inébranlable, les suites de son ressentiment, et qu'elle ne charge Mery, trompé, d'être son vengeur, en lui promettant, sa main pour récompense. Elle le contiendra tant qu'elle aura de l'espoir, et ne le lancera contre moi que lorsqu'elle m'aura jugé indigne de vivre. Certes, il serait fort désagréable d'avoir pour un semblable motif quelque démêlé avec un homme tel que celui-là; mais s'il vient, nous le verrons, et j'espère le convaincre que je ne suis rien moins que disposé à me laisser couper la gorge pour satisfaire et apaiser mademoiselle d'Orville.

Les spadassins ont pour coutume de sonder le terrain, et de ne s'engager qu'à bonnes enseignes. C'est ce qu'a déjà fait Mery. Je sortais, il y a quelques jours, d'un bal où il était. Je pris par distraction son épée en place de la mienne. Il courut à moi, et d'un air insolent : « Que voulez-vous « donc faire de mon épée, monsieur, me « dit-il avec hauteur; ignorez-vous que sa « réputation tient à la main qui la porte, et

« est-il nécessaire que je vous l'apprenne ?
« — Je ne cherchais pas votre épée, mon-
« sieur, lui répondis-je avec mépris ; je
« crois sa réputation de nature à n'être
« compromise dans les mains de personne;
« mais fût-elle autre encore, elle ne tar-
« derait pas à s'éclipser si cette épée ve-
« nait à se croiser avec la mienne. — C'est
« ce qu'il faudrait voir. — C'est ce que je
« vous prouverai. » Décontenancé par
ma fermeté, il se tut; on vint au bruit, il
voulut alors élever la voix ; mais on le
tira d'affaire en l'entraînant loin de moi,
et il n'en fut sans doute pas fâché, puisque depuis je n'en ai pas entendu parler.
Je ne suis, d'Arcy, rien moins que que-
relleur ; je déteste même, quoiqu'il soit
assez de mode, ce genre méprisable ; mais
à mon âge, à vingt ans, je soutiendrai
l'honneur des Moronval ; je ne souffrirai
pas impunément une insulte.

Je commence à me mettre au fait des

affaires de mon oncle. Rien ne s'exécute que par mes ordres ; c'est moi qui dirige tout. Je tâche par mes soins, mon zèle et ma conduite de gagner sa confiance, de captiver son amitié, de me mettre assez bien avec lui pour n'avoir pas à craindre les suites de sa colère, lorsque je devrai, par un refus, contrarier ses désirs et sa volonté. Je m'empresse de t'annoncer qu'il a bien voulu consentir à la prolongation de délai que lui a demandée pour moi le gouverneur. « Vous avez employé, « monsieur, me dit-il, pour votre média- « teur un homme à qui je ne puis rien re- « fuser ; mais ne vous avisez pas, je vous « prie, de l'employer davantage, et tâchez « de profiter du temps que je veux bien « vous accorder. »

Je te dirai, d'Arcy, que ce généreux défenseur m'a tenu parole, en donnant des ordres pour faire acheter Zizi ; mais que mademoiselle d'Orville s'est obstinément refusée à la vendre à aucun prix, et qu'elle n'a pu se résoudre à se séparer de sa victime. Elle a vainement employé près du courtier les plus vives instances pour connaître, disait-elle, le rare protecteur de cette indigne esclave. J'ai des raisons de craindre qu'elle ne me soupçonne de l'être, et j'appréhende bien que la pauvre Zizi ne s'en trouve plus mal encore.

Je me suis décidé à laisser ignorer ce refus à Prosper; car après l'espoir que je lui avais donné, il serait capable de se désespérer. J'attends d'ailleurs le succès d'une autre tentative que le gouverneur m'a promis de faire, et dont il espère un meilleur résultat.

Nous dînons souvent chez madame d'Orville. C'était hier la fête de sa fille, et la société y était très-nombreuse. Chacun à l'envi avait cherché à se surpasser dans la richesse et l'élégance des bouquets et des offrandes. Les vases de porcelaine, les corbeilles les plus magnifiques, les fleurs et les plantes les plus rares s'y trouvaient rassemblées, et l'œil en était autant ébloui que flatté. Je m'avançai au milieu de la foule par pure bienséance avec une seule fleur. La société parut surprise de la simplicité du bouquet, et la petite d'Orville en fut très-piquée. «N'est« ce que cela, monsieur, me dit-elle « avec humeur? ce n'était guère la peine « de réserver une place pour ce bouquet. « — En France, mademoiselle, lui ré« pondis-je, les femmes s'attachent moins, « en ces sortes d'occasions, à l'élégance « ou à la valeur de l'offrande, qu'elles ne « sont touchées de la sincérité des senti« mens qui l'accompagnent. — Je connais « les vôtres, me répondit-elle avec ai« greur; ce n'est pas en France que je « veux choisir mes modèles, et vous pou« vez me faire grâce de la leçon. »

On la fit chanter. Elle a quelques moyens, mais elle manque absolument de goût et de méthode. On l'écrasa d'applaudissemens ; je restai immobile et muet. On me pressa de chanter à mon tour, je m'en défendis ; mon oncle insista, il fallut obéir. Je chantai un couplet insignifiant, on m'en fit la guerre, on me demanda avec intention quelque chose de tendre ; je refusai avec opiniâtreté : jamais d'Arcy, dans une semblable société, le mot *amour* ne sera profané par ma bouche. On me pria ensuite à dessein de chanter un duo avec mademoiselle d'Orville. Déjà elle avait choisi dans son cahier un morceau très-passionné, lorsque j'annonçai hautement qu'il m'était impossible de chanter à livre ouvert. Elle se mordit les lèvres, rougit beaucoup et me bouda ouvertement, tandis que mon oncle me témoignait de l'humeur, et que madame d'Orville redoublait pour moi de prévenances et d'amitié. Je fus débarrassé pour la journée des indécentes agaceries de cette jeune personne, qui, loin cependant de se rebuter, oublie bientôt les affronts, dans l'espoir que celui qu'elle reçoit pourra être enfin le dernier.

Vers le soir on fut se promener, et elle reprit courage. Obligé de lui donner le bras, je ne fus occupé qu'à l'empêcher de m'entraîner loin de la société, et à rendre toutes ses petites manœuvres inutiles. Peu après sa mère lui dit d'aller lui chercher un éventail, qu'elle avait sans doute oublié à dessein. Quoique je ne pusse éviter de l'accompagner sans commettre une malhonnêteté, j'hésitais cependant, lorsqu'elle termina mon indécision en me disant : « J'espère bien, monsieur, que « vous ne serez pas assez peu galant que « de me laisser aller seule. » Je l'avais déjà à mon bras, je ne pouvais l'abandonner; je fus obligé de marcher; je me prétai de mauvaise grâce, et nous partîmes.

Bientôt ennuyée de mon silence et poussée à bout : « Il faut convenir, mon-« sieur, me dit-elle, que vous êtes bien « extraordinaire, de vous être fait prier « pour accompagner une demoiselle, et de « ne trouver ensuite rien d'honnête à lui « dire. Vous êtes sans doute encore hon-« teux de votre bouquet...... Vous ne ré-« pondez pas ? » Piqué à mon tour de ce genre de persécution : « Souvent, made-« moiselle, lui répondis-je, pour trop « penser on ne dit rien. » Elle ne fut pas dupe de l'équivoque, car elle me répli-qua de suite : « Il est certain, monsieur, « que vous prenez le bon parti, et qu'il « vaut mieux se taire que de dire des sot-« tises. — J'ai donc raison, mademoiselle, « de garder le silence. — De mieux en « mieux, me dit-elle avec colère. Il pa-« raît que votre amourette vous tient en-« core fortement au cœur. Je voudrais

« bien savoir ce qu'elle a de si merveil-
« leux, cette Isaure, pour vous captiver
« autant, car je sais tout, monsieur. J'ai
« surpris un billet que, peu avant votre
« arrivée, votre oncle écrivait à maman,
« et.... — Mais c'est très-mal fait, made-
« moiselle. — Ce n'est pas là, monsieur,
« ce que je vous demande. Il paraît que
« ce n'est rien de rare que votre Isaure ;
« que ce n'est qu'une petite campagnarde
« bien ridicule, bien romanesque, à qui
« il reste à peine une chaumière. Vous
« aviez donc envie, monsieur, de vous
« faire berger ? » Et elle me rit au nez
avec un éclat indécent. Vivement blessé
d'entendre un nom si cher profané par
une telle bouche, je lui répondis avec indignation : « Je vois bien, mademoiselle,
« que vous ne connaissez pas mademoi-
« selle d'Aubignie. Je connais, moi, des
« femmes opulentes, contre lesquelles elle
« ne changerait pas son sort, et dont les

« richesses ne sont rien près de ce qu'elle
« possède. — Ne craignez rien, monsieur,
« à coup sûr cet échange ne tentera per-
« sonne. Je voudrais bien savoir com-
« ment est faite cette rare beauté. Vous
« avez sans doute son portrait? Vous de-
« vriez bien, monsieur, me permettre de
« l'admirer et de vous féliciter sur votre
« bon goût. — Si j'étais assez heureux,
« mademoiselle, pour le posséder, croyez
« que je me garderais bien de l'exposer à
« votre indiscrète et insultante curiosité.
« — Vous me manquez, s'écria-t-elle avec
« fureur, mais soyez assuré que monsieur
« votre oncle ne tardera pas à en être in-
« formé. — Que mon oncle, mademoi-
« selle, reste étranger à tout ceci, ne le
« placez pas entre vous et moi : de sem-
« blables moyens sont indignes de vous. —
« Vous connaissez, monsieur, ses inten-
« tions sur l'un et sur l'autre. Je n'entends
« pas en être la victime. Assez d'autres

« partis me recherchent, et je ne vois pas
« pourquoi l'on s'obstine à vouloir me
« donner à un homme qui ne veut pas de
« moi. Cette situation est insoutenable,
« et je vous déclare que, malgré les avan-
« tages que ce mariage me présente, j'y
« renonce, si de suite vous ne vous déci-
« dez. — Il paraît, mademoiselle, que
« vous êtes beaucoup plus exigeante que
« nos parens; car ils ont consenti à dif-
« férer ce mariage d'une année, afin de
« me donner le temps de vous connaître,
« d'apprécier tout ce que vous valez, et
« je ne m'attendais guère à vous voir
« murmurer de cette condescendance. —
« Une année! s'écria-t-elle, une année!
« Ah! bien oui; il me semble que mon-
« sieur prend ses aises. Il lui faut un an
« pour me connaître! Je me montre ce-
« pendant bien telle que je suis, et je
« pense que les galanteries que vous ve-
« nez de m'adresser prouvent que votre

« opinion sur mon compte n'est plus in-
« certaine. — Vous voyez au moins, ma-
« demoiselle, que j'ai su mettre le temps
« à profit. — Au reste, monsieur, appre-
« nez que j'en connais qui n'ont pas be-
« soin d'une année pour se décider, et
« qui, si je ne les arrêtais, vous auraient
« déjà fait un mauvais parti, et vous au-
« raient peut-être tué pour vous empêcher
« de m'épouser. — Il est certain, made-
« moiselle, que ce moyen, s'il n'est pas
« absolument nécessaire, serait au moins
« infaillible. — Voyez donc, monsieur,
« ce que vous voulez faire ; car je ne veux
« être le pis-aller de personne, et je vais
« de ce pas le déclarer à monsieur votre
« oncle. — Soyez plus généreuse, made-
« moiselle, ne me faites de querelle avec
« personne, et je vous promets de mon
« côté de ne nuire en rien à votre inclina-
« tion. J'y suis peut-être moins étranger
« que vous ne pensez ; un autre peut en

« effet vous intéresser plus que moi, et
« j'aurai même la confiance de vous dire
« que je crois en savoir quelque chose. »
Elle rougit : « Vous êtes un insolent, me
« dit-elle avec colère. — Je ne mérite pas,
« mademoiselle, de supplanter mes ri-
« vaux; je ne suis pas digne de votre
« courroux. Laissez seulement écouler
« l'année; souffrez que je ménage mon
« oncle jusqu'à cette époque, et je vous
« promets que je cesserai alors d'être un
« obstacle à votre bonheur. — Et moi,
« monsieur, je suis certainement très-dé-
« cidée à n'être pas plus long-temps votre
« dupe; ainsi ou vous déclarerez aujour-
« d'hui même à votre oncle que vous re-
« noncez à ma main, ou je vais en ren-
« trant lui rendre compte de cette con-
« versation. — Vous n'en ferez rien, ma-
« demoiselle. — Eh! pourquoi donc? —
« Parce que si vous vous permettiez de
« trahir ainsi mon secret, je pourrais

2.

« bien n'être pas plus discret sur le vôtre,
« et que de tous ceux qui prétendent à
« votre main, celui que vous préférez
« pourrait peut-être bien ne pas l'obte-
« nir. » Je crus, mon ami, qu'elle allait
me sauter aux yeux. « Vous apprendrez
« sous peu, s'écria-t-elle, de quoi est ca-
« pable une femme outragée. — Les me-
« naces, mademoiselle, ne m'ont jamais
« intimidé. — Nous verrons. — Tout
« est vu. »

Nous en restâmes là, et nous rejoi-
gnîmes en silence la société. Je tremblais qu'elle ne fît près de mon oncle un
éclat fâcheux pour moi; mais, loin de se
plaindre, elle garda, discrètement pour
elle, les vérités désagréables qu'elle m'a-
vait obligé de lui dire; elle concentra sa
colère et se décida à attendre avec patience
jusqu'au terme indiqué, espérant sans
doute que quelques circonstances imprévues pourraient, en me déterminant à la

conduire à l'autel, lui conserver une fortune qu'elle se croit menacée de perdre. Mais lorsqu'enfin cet espoir lui échappera, ou je suis bien trompé, ou elle se livrera comme une furie à la vengeance dont elle m'a menacé; mais je connais le vengeur, il n'est pas homme à m'attaquer en face; et il suffira de me garantir des guet-apens. Quant à mon oncle, je suis tranquille pour le moment. Je le connais, il sera de parole; et telle chose qui arrive, je sais que je puis compter sur l'aunée. Il paraît qu'on avait fondé de grandes espérances sur cette journée. La circonstance était en effet très-favorable. La fête de mademoiselle d'Orville, le tourbillon des plaisirs, la table, le chant, la danse, les cajoleries, les occasions habilement ménagées, tout concourait à m'entraîner dans le piége. Tu viens de voir, mon ami, combien l'on s'était trompé et quel a été le résultat de cette conspiration.

C'est au milieu de ces fêtes brillantes et splendides que je me retrace l'humble retraite d'Isaure et la chaumière de la bonne Lasune. Ah! que sont ces repas somptueux, près de ces délicieux goûters que je faisais avec Isaure chez notre bonne nourrice! Je dis, mon bon ami, notre bonne nourrice, car nous fûmes nourris du même lait, et nous prîmes sans doute avec lui le même amour. Cette bonne femme, quand nous la visitions, nous regardait comme ses enfans et nous traitait comme tels. Elle nous recevait avec un empressement qui touchait nos cœurs sensibles. Il me semble encore la voir, me faisant admirer, avec enthousiasme et bonhomie, les charmes naissans de ma jeune amie, comme si j'eusse eu besoin qu'elle me les fît apercevoir. Elle couvrait de fruits et de crème ces brillantes assiettes d'étain qui faisaient honte à la plus belle vaisselle, et qui avaient tant fatigué ses mains laborieuses. Ah! les fruits exquis qu'on me présente ici ne valent pas la grappe de raisin doré de son excellente vigne, et dont j'exprimais, grain à grain, le suc parfumé entre les lèvres de la ravissante Isaure, et lorsque, ivre d'amour et de bonheur, et voulant prolonger cette scène délicieuse, j'insistais à offrir une seconde grappe, et que, pour mettre fin à mes instances, cette femme séduisante posait innocemment sa jolie main sur ma bouche; j'affectais alors mon ami, de persister, afin de sentir plus long-temps cette main contre mes lèvres, et je prolongeais mon ivresse, en la couvrant de baisers..... Et je suis maintenant à plus de dix-huit cents lieues d'Isaure! de cette intéressante chaumière, berceau de notre innocent amour! Souvenirs poignans! Ah! vous ne serez jamais séparés. Je ne reverrai peut-être plus, d'Arcy, ce chaume hospitalier; j'ai vu peut-être pour la dernière fois cet asile des d'Aubignie, qui cache sous son épaisse feuillée ce que le monde entier offre de plus parfait; je ne m'égarerai plus avec Isaure dans ces sentiers sombres et solitaires, où son innocence, près de l'homme qui l'adorait, était aussi en sûreté que sous les yeux de ses parens. Un autre peut-être..... je m'arrête..... je ne puis achever..... cette pensée me tue.

Encore un souvenir : maintenant je ne vis que par eux. L'aurore paraissait à peine lorsque le jour de mon départ je descendis pour presser mes douloureux préparatifs. En traversant le vestibule j'aperçus ouverte la porte de l'appartement où la veille je m'étais séparé d'Isaure ; j'entre en tremblant ; je vois à la même place les deux fauteuils que nous avions occupés. Tournés l'un vis-à-vis l'autre, et se touchant encore, ils me retraçaient par leur position notre dernier adieu.

Ah! je ne puis te rendre l'effet douloureux que cette vue excita en moi. Il y avait dans la position de ces siéges quelque chose de silencieux, de déchirant que je ne puis t'exprimer. Je me jetai sur le mien, et je fondis en larmes. Je considérais celui d'Isaure et je croyais encore la voir, l'entendre, lui parler. J'aperçus tout à coup sur le bras de son fauteuil une ceinture lilas que, sous le prétexte d'en assortir la couleur, je lui avais vu ôter de sa taille enchanteresse, et qu'après avoir long-temps promenée entre ses doigts, elle avait jetée là en portant sur moi des yeux remplis de larmes, en fuyant enfin pour me dérober sa douleur. « Ah! c'est sans doute pour moi, m'écriai-« je, qu'elle a laissé ici cette ceinture! » Frappé de cette idée je m'en empare, je la baise avec transport, je la cache, je fuis comme si j'eusse fait un mauvais coup; et c'est ce ruban précieux qui tient maintenant suspendu sur mon cœur le portrait de cette femme incomparable. Cette ceinture,..... ce portrait,...... voilà donc tout ce qui reste à l'héritier des Moronval! et il ne troquerait pas ce trésor contre toutes les richesses du monde !

Je montai à cheval, je partis. Je portai en sortant des yeux encore humides vers les fenêtres de son appartement.... Je crus l'apercevoir...... J'allais me trouver mal, lorsque mon cheval m'emporta ; et je m'éloignai en proie au plus violent désespoir.

Ah ! d'Arcy, je m'anéantis dans ces souvenirs ; ils sont nécessaires à mon existence, et cependant ils renouvellent toutes mes peines.

———

Je reçois à l'instant ta lettre datée de Bordeaux, et je te remercie. *Elle est bien*, me dis-tu, et tu n'entres dans aucuns détails ! Voilà la seconde lettre dans laquelle tu es aussi laconique. Si tu réfléchissais que me parler d'Isaure c'est me fournir le seul aliment qui me conserve la vie, tu t'étendrais bien davantage. J'écris souvent à M. d'Aubignie, parce que le jour où ma lettre arrive chez lui on y parle de moi, on s'y occupe de moi, et qu'Isaure peut alors s'en entretenir sans contrainte. Ce qui m'afflige, c'est que je n'ai encore reçu de son père que deux lettres très-amicales à la vérité, mais dans lesquelles il ne me dit pas un mot de sa fille, quoique toujours je lui en demande des nouvelles. Croit-il donc qu'il suffise qu'il ne m'en parle pas pour que je l'oublie ?

———

La petite d'Orville vient de se permettre un trait d'audace sans exemple, et qui a pensé avoir pour ton ami les suites les plus funestes. Ah! d'Arcy, elle m'eût fait moins de mal en me frappant d'un poignard.

Nous avions fait une partie à bord d'un de nos navires qui était en rade, et qui se disposait à mettre à la voile. Je me trouvais le soir en revenant dans la même chaloupe avec mon oncle, madame d'Orville et deux ou trois amis, et nous voguions tranquillement vers le port. Madame d'Orville, qui était assise vis-à-vis de moi, laissa échapper tout à coup un étui qui tomba à mes pieds. Je m'empressai de le chercher. Il faisait très-chaud, et ma veste était entr'ouverte; en me baissant le portrait d'Isaure s'échappe et vient se présenter aux regards. La petite d'Orville, qui cherchait aussi l'étui, aperçoit le portrait suspendu à son ruban; elle le saisit, l'arrache avec une telle violence, que l'anneau par où il tenait au ruban se rompit, et que la secousse me jeta sur le côté.

Je sentis de suite toute l'étendue de ma perte, et me relevant avec la promptitude de l'éclair, je me précipitai sur le bras tendu de ma spoliatrice, qui cherchait à mettre son larcin hors de ma portée. Je ne lui donnai pas le temps de satisfaire son indécente curiosité, et j'allais m'en ressaisir, lorsque désespérant de pouvoir le garder, ni même de le voir, elle fit un violent effort, dégagea son bras, et lança avec dépit sa proie dans la mer.... Ah! d'Arcy, je ne sais comment je ne l'y plongeai pas elle-même; elle ne dut sans doute la vie qu'à l'espoir que je conservais encore de sauver mon trésor. Seul il m'occupait, et ma douleur tenait du désespoir. Ne sachant ni ce que je faisais ni ce que je disais, oubliant que je ne savais pas nager, j'allais me précipiter au milieu des flots, lorsque mon pauvre Prosper, qui heureusement m'avait accompagné, me sauva en m'arrêtant :

« Prosper, me dit-il avec effroi, li cher-
« ché tout suite, bon mait'; li trouvé tout
« suite. » Au même instant il s'élance, il
plonge, il disparaît. Touché de son dévouement, je ne tremblais plus que pour
lui, et l'œil fixé sur le point où je l'avais
vu disparaître, j'attendais avec autant
d'inquiétude que d'impatience qu'il re-
parût.

La mer était profonde, le fond en cet
endroit était hérissé de bancs de corail.
J'attends, je regarde, les secondes s'écou-
lent, bientôt les minutes succèdent ; je ne
revois pas Prosper. « Ah! il est perdu,
« m'écriai-je, il est perdu! » Et je me je-
tais dans l'abîme si mon oncle ne m'eût
adroitement retenu. Prosper reparaît enfin
épuisé, couvert de sang, déchiré par les
pointes de corail, se soutenant sur l'eau
avec difficulté, et tenant entre les dents
l'objet de toutes mes alarmes. Il nage avec
peine, il avance lentement, il rougit la

mer de son sang. Tout à coup ses forces l'abandonnent, il cesse de se mouvoir, il va périr; encore un instant, et c'est fait de lui. Je le ranime de la voix, il m'entend, son courage renaît, il fait un dernier effort, il approche, il touche enfin la barque, prend le portrait, me le présente, et au moment où je le saisis il s'enfonçait dans les flots pour ne plus reparaître, si, oubliant tout pour ne m'occuper que de son salut, je ne l'eusse saisi par la tête, et assujetti contre le bateau, dans lequel on eut une peine infinie à le faire rentrer.

A peine y fut-il placé qu'il perdit connaissance, et je crus qu'il expirait. Je le couvris de mon corps, je le baignai de mes larmes, j'étanchai son sang et je pansai ses blessures. Nous le ramenâmes ainsi au Fort Royal; ce ne fut qu'avec difficulté qu'il revint à lui, et nous fûmes long-temps menacés de le perdre. Madame d'Orville, désolée de ce qui venait de se passer, m'adressa des excuses au nom de sa fille, en me donnant à entendre que le mouvement de jalousie qui l'avait portée à cet écart m'était trop flatteur pour ne pas mériter grâce ; celle-ci, confuse et déconcertée, garda le plus profond silence ; mon oncle même n'ouvrit pas la bouche, et me laissa tout entier au bonheur d'avoir recouvré mon trésor et sauvé le pauvre Prosper, dont le généreux dévouement et son heureux résultat étaient bien loin de plaire à tout le monde.

Cet esclave fidèle ne fut soigné que par moi. « Ah ! mon ami, lui dis-je quand il « put m'entendre, je n'oublierai jamais « le service inappréciable que tu m'as « rendu ! vis, Prosper, vis pour jouir de « ma reconnaissance et de mes bienfaits ! — « Moi content, me répondit-il d'une voix « affaiblie, moi content, si moi mouri « pour bon mait'. Prosper li avé beau-

« coup mal pour trouvé petit maîtresse
« dans l'eau. Elle bien loin, bien loin,
« bien cachée dans les pierres. — Ah ! je
« crois que tu as dû avoir beaucoup de
« peine à la trouver ! — Beaucoup peine,
« bon mait'. Si Prosper pas trouvé, li pas
« veni; li savé bon mait' mouri chagrin,
« li mouri aussi dans l'eau. — Que puis-je
« faire pour toi, mon ami ? — Oh ! Pros-
« per pas osé dire. — Dis, dis toujours.
« — Voulé, bon mait' ? — Oui, je le
« veux. — Prosper bien content pour voir
« petit maîtresse. Voulé, bon mait' ? —
« Tu voudrais voir son portrait, mon
« ami? Tu le verras. Tiens, le voilà. Re-
« garde. Ce qui me console, c'est que
« mademoiselle d'Orville ne l'a pas vu.
« — Oh ! jolie, jolie, bien jolie. Mam-
« selle Milie pas jolie comme çà. Li bien
« méchante; petit maîtresse bien bonne;
« li avé bon petit visage. — Oh ! oui,
« Prosper, elle est bien bonne. — Pas

« gâtée du tout petit maîtresse. — Non,
« mon ami, la boîte ferme si bien qu'il
« ne s'y est pas introduit une goutte
« d'eau. » Et il pressait avec respect la
bordure du portrait contre ses lèvres.

Ce pauvre garçon est maintenant rétabli ; mais la petite d'Orville ne lui pardonnera jamais d'avoir sauvé le portrait d'Isaure. Enfin il est encore à moi, et je me garderai en le portant de l'exposer à de nouveaux dangers.

Une année de semblables épreuves sera, mon ami, bien longue à passer ! mais j'ai promis au gouverneur d'avoir des ménagemens et de la patience, et je serai fidèle à mes engagemens. Adieu.

LETTRE XXXII.

Le même au même.

———

Quel acte de cruauté, mon ami, la petite d'Orville vient de commettre ! Pourrai-je te le raconter ! Ah ! d'Arcy, si j'avais maintenant, et après un pareil trait, à choisir entre être son époux ou l'un de ces esclaves malheureux qui arrosent cette contrée de leurs sueurs; mon choix serait bientôt fait !

Elle m'avait prié de lui prêter quelques romans, parce que, bons ou mauvais, elle ne lit que cela ; et hier matin je lui en envoyai quelques-uns par Prosper. Ce pauvre garçon revint peu après avec tant de diligence, que je crus qu'il n'était pas encore parti, et que quelque chose l'avait arrêté. J'allais le gronder de ce retard, lorsque, couvert de sueur et pouvant à peine s'exprimer : « Ah! malheur! mal- « heur! s'écria-t-il, pauv' Zizi perdue, « bon maît'! — Comment perdue! Que « veux-tu dire? — Ah! savé, bon maît', « Prosper li porté livres à mamselle Milie? « Mamselle Mili disé à Prosper li plus « voulé Prosper veni faire commissions. « Li défendé, li disé, si Prosper encore « véni, si parlé encore à Zizi, li faisé « donner coups fouet à Prosper. Prosper « pas pouvé voir Zizi. Scipion li disé à « Prosper pauv' Zizi avé coups fouet à « midi, quand nègres veni du travail. « Ah! malheur! malheur! — Et pour- « quoi, mon ami? Qu'a donc fait Zizi « pour être fustigée? — Ah! bon maît', « pas faisé beaucoup. Li laissé entrer « moustique dans chamb' à dormi à mam- « selle Milie. Mamselle Milie bien en co-

« lère. Li disé pauv' Zizi attrapé cinquante
« coups fouet à midi. Cinquante ! Li été
« beaucoup pour pauv' Zizi, li pas capa-
« ble pour souffri, li mouri ! Ah ! mal-
« heur ! malheur ! — Quoi ! Prosper, elle
« est condamnée à une peine aussi sévère
« parce qu'une mouche a interrompu le
« sommeil de sa maîtresse ? — Oui, bon
« maît'. — Quelle cruauté ! — Oh ! oui,
« mamselle Milie bien méchante; Zizi bien
« à plaindre; Prosper bien malheureux !
« Bon maît', voulé tâché sauver Zizi ? —
« Mais, mon ami, que puis-je faire pour
« elle ? — Ah ! vous prié mamselle Milie
« faisé grâce à Zizi, vous écrivé li petit
« lettre. — J'ai bien peur, mon pauvre
« garçon, que ce moyen, loin de réussir,
« ne produise un effet contraire. — Oui,
« bon maît', li réussi, si vous prié mam-
« selle Milie li pardonné à Zizi. — Tu le
« crois, je le veux bien, malgré ma répu-
« gnance à lui demander quelque chose.

« Mais qui portera la lettre ? — Prosper,
« bon maît', li porté bien vite. — Mais
« mademoiselle d'Orville t'a défendu de
« revenir chez elle ; elle t'a menacé de te
« faire punir si tu y reparaissais davantage.
« — Ah ! Prosper pas peur, bon maît'.
« Prosper allé tout suite. Li voulé bien
« avé coups fouet en place Zizi. — Je
« crois, mon ami, que tu voudrais les
« recevoir pour elle ; mais c'est qu'aussi
« tu pourrais bien les recevoir sans les
« lui éviter. — Tout de même, bon
« maît', tout de même. Prosper pas s'em-
« barrassé, pas en peine, li essayé. Faisé
« tout suite, bon maît' ; faisé petit lettre
« bien vite, bien vite, pour Prosper ar-
« rivé avant midi. — Eh bien ! soit. » Je
pris la plume, et j'écrivis ce qui suit.

« Une de vos esclaves, mademoiselle, nom-
« mée Zizi, a manqué à sa surveillance, et a
« été condamnée, dit-on, à recevoir cinquante
« coups de fouet. Je ne prétends ni justifier

« sa faute ni blâmer votre sévérité ; mais par-
« donner, mademoiselle, est un plaisir si doux,
« que vous ne pouvez vous y refuser ; et je
« suis même persuadé que vous me saurez gré
« de vous en avoir procuré l'occasion. C'est
« votre clémence que je réclame, et j'espère
« que vous ne me refuserez pas la première
« grâce que j'ai osé vous demander. »

Plein de confiance dans mon billet, Prosper partit comme un éclair. Je jetai un coup d'œil par la fenêtre ; il franchissait tout, il allait à vol d'oiseau. Je tremblais pour lui ; je connaissais le caractère vindicatif de mademoiselle d'Orville ; j'avais cédé aux pressantes sollicitations de ce pauvre esclave ; mais je redoutais qu'il ne fût victime de son amour pour Zizi, et surtout de la haine que lui portait sa cruelle maîtresse, depuis qu'il avait exposé sa vie pour sauver le portrait d'Isaure.

Le temps s'écoulait ; il devait être de retour ; je ne le voyais pas reparaître, et j'étais en proie aux plus vives inquiétudes. Enfin je l'entends, la porte s'ouvre, il entre; il se traîne couvert de sang, et je recule épouvanté ! — « Dans quel « état te revois-je ! — Ah ! bon maît', me « dit-il en pleurant, vous bien deviné. « Prosper li voir donné à Zizi cinquante « coups fouet, et li avé aussi atrappé « cinquante par sus le marché. Ah ! Pros- « per pas souffri pour li, pas pleuré pour « li, souffri pour pauv' Zizi, pleuré pour « pauv' Zizi. Pauv' Zizi bien malade. « Ah ! bon Dieu, bon Dieu ! Prosper, « Zizi bien malheureux ! — Quelle hor- « reur ! Femme atroce ! Tu es la honte « de ton sexe !..... Mais, mon ami, quel « papier tiens-tu à la main ? — Li été, « bon maît', petit lettre mamselle Milie « donné pour vous. — Donne. » Il me la présenta ; voici ce qu'elle contenait.

« Je ne rends compte à personne, monsieur, « de ce qui se passe chez moi ; vous devez

« l'ignorer, et nul n'a le droit de s'en mêler.
« Je vous remercie du *plaisir* que votre extrême
« sensibilité a cherché à me ménager; mais mon-
« sieur votre oncle trouve, avec raison, que
« vous êtes un peu neuf en ces sortes d'affaires;
« et c'est pour vous donner une utile leçon,
« qu'après avoir fait châtier mon esclave, j'ai
« fait punir le vôtre pour avoir osé se présen-
« ter chez moi malgré ma défense. Vous trou-
« verez sans doute que cette leçon m'acquitte
« amplement envers vous du *plaisir si doux*
« que vous avez voulu me procurer, et que,
« si nous ne sommes pas les meilleurs amis,
« nous sommes au moins parfaitement quittes. »

Quoique j'attendisse tout de la méchanceté de mademoiselle d'Orville, quoique
je n'osasse me flatter d'obtenir le pardon
de Zizi, j'avoue, d'Arcy, que j'hésitais
à croire qu'elle fût capable de pousser
la cruauté à ce point, et d'exercer sur
Prosper une pareille vengeance! Quoi!
faire fustiger mon nègre, le porteur de
mon billet! Un esclave obligé de m'o-

béir et qui, en allant la trouver, ne faisait qu'exécuter mes ordres ! M'écrire enfin avec cette ironie sanglante ! Ah ! c'était joindre l'insulte à la barbarie; c'était pousser l'un et l'autre hors de toute mesure ! J'étais outré, exaspéré, je ne me possédais plus; je roulais dans ma tête mille projets de vengeance, et je ne savais auquel m'arrêter.

Saisissant cette occasion de justifier, près de mon oncle, l'aversion que j'avais pour elle, et ne doutant pas de lui voir partager mon ressentiment, je fus le trouver, après avoir donné des ordres pour qu'on soignât mon pauvre Prosper.

Je me plaignis amèrement, et avec chaleur, de l'affront que je venais de recevoir. Je lui montrai enfin le billet de mademoiselle d'Orville. Il le lut, me le rendit froidement, et me dit en haussant les épaules : « Votre demande, monsieur, « était au moins indiscrète, et vous avez

« eu tort d'envoyer chez elle, un esclave
« qu'elle en avait banni. Ce qu'a fait
« mademoiselle d'Orville peut vous pa-
« raître un peu vif; mais elle est jeune, elle
« a de la tête, vous deviez éviter de la lui
« monter; et, au fond, je ne suis pas fâché
« de ce qu'elle vient de faire; car l'exemple
« de fermeté que vous donne une femme est
« peut-être le meilleur moyen de vous guérir
« de votre ridicule indulgence. Vous pou-
« vez, monsieur, rougir de la leçon; mais
« je vous engage à en faire votre profit.
« Voyez mademoiselle d'Orville, effacez
« vos torts, faites-lui mieux votre cour,
« et tâchez enfin d'obtenir ses bonnes
« grâces. — Je rougis pour elle seule,
« mon oncle, lui répondis-je, sa cruauté
« m'indigne me révolte, elle déshonore
« son sexe. Jamais je ne lui.... » Mon oncle me tourna le dos, s'en fut et me
laissa seul exhaler ma colère.

Je me sauvai dans mon appartement.

J'écrivis sur-le-champ au gouverneur ce qui venait de se passer. J'implorai ses bontés et son humanité en faveur de la pauvre Zizi, et je le conjurai de ne pas perdre un moment pour, en employant le dernier moyen qu'il croyait lui rester encore, la sauver et l'arracher à son bourreau : j'attends le résultat.

Je te dirai, mon ami, afin de me consoler un peu de tout ceci, que j'ai obtenu le plus grand succès dans la tentative que j'ai faite, sur la petite caférie, pour améliorer le sort des nègres, et que je suis maintenant convaincu que l'extrême sévérité qu'on emploie à leur égard, loin d'être nécessaire, nuit au contraire à la culture et à la prospérité de la colonie.

Je commençai par prendre de l'économe, sur le célèbre Yambu, des renseignemens plus étendus que ceux que j'avais obtenus de mon oncle. Il m'apprit que cet esclave qui, par son âge et sa force extraordinaire, aurait dû être en effet l'un des plus utiles de tous, était au contraire celui dont, à cause de son entêtement et de son esprit de rébellion, on tirait le moins de parti ; que les châtimens les plus sévères ne pouvaient rien sur lui; que, loin d'avoir changé depuis qu'il avait été envoyé sur la caférie, il était devenu plus indomptable encore, et qu'il était même parvenu à gâter plus ou moins les autres, sur lesquels il avait beaucoup d'ascendant, parce que jadis il avait été leur souverain.

Je le fis appeler. Il parut, et je fus d'abord frappé de ses formes athlétiques et gigantesques. Il me considéra d'un air d'indifférence, et qui paraissait tenir de l'imbécillité. Son regard annonçait cette stupide insensibilité, dernier degré de l'abrutissement, qui ne laisse aucune ressource, et qui ne sert que trop souvent de prétexte à l'extrême dureté des colons, lorsqu'au contraire il n'en est que l'affreux résultat.

« Yambu, lui dis-je avec douceur, « est-il vrai que vous ayez été roi dans vo- « tre pays ? — Il ne répondit pas. — « Répondez-moi, Yambu. — Même « silence. — Je veux, lui dis-je, en élevant « la voix, que vous me répondiez. » — Pas le mot. Je lui pris la main, mais Yambu croyant voir dans ce mouvement le prélude du châtiment qu'il allait recevoir, et auquel il était habitué, se tourna pour toute réponse, et me présenta les épaules, qui étaient couvertes d'innombrables cicatrices. — « Je ne veux pas vous punir, « Yambu, lui dis-je, je veux au contraire « vous faire du bien. » — Il conserva la même immobilité, il garda le même silence. J'abandonnai sa main que j'avais reprise, il la laissa nonchalamment retomber. — « Est-il possible, me dis-je, que « cet homme ait été souverain en Afrique!

« Et cependant si cela est vrai, quelle au-
« tre conduite peut-il tenir dans la situa-
« tion où il se trouve! Ah! le silence est
« le seul refuge que l'infortune laisse
« en effet à un roi malheureux et dé-
« trôné. » — Je le renvoyai.

J'appris qu'il était fort lié avec un de
mes nègres qui s'appelle Java. Je fis venir celui-ci. « Java, êtes-vous du pays de
« Yambu? — Oui, mait'. — Est-il vrai
« qu'il y fut souverain? — Oui, mait'. —
« Comment donc se trouve-t-il être es-
« clave? — L'aut' roi Jomba faisé la
« guerre à roi Yambu. Li prené roi Yam-
« bu prisonnier; li vendé pour esclave,
« nous aussi. Mais quand roi Yambu li
« mouri, quand nous mouri, li encore
« roi à nous là-haut, là-haut. Li bon roi,
« li aimé nous, nous aimé li. — Croyez-
« vous, Java, que Yambu soit en état de
« me comprendre? — Oui, mait'; Yambu
« entendé bien français. — Pourquoi donc

« n'a-t-il pas voulu me répondre ? —
« Yambu, mait', li pas voulé parlé à blanc.
« — Pourquoi cela ? — Java pas osé dire,
« mait'. — Dis toujours. — Vous fâché,
« mait'. — Non, je ne me fâcherai pas,
« dis. — Yambu pas aimé blanc. Li disé
« blanc bien méchant. — Et toi, Java,
« qu'en penses-tu ? — Ah! mait', Java
« pensé vous bon blanc. » Il était difficile
de se tirer mieux d'une question épineuse et que je regrettai aussitôt de lui
avoir faite. «Va, Java, va dire à Yambu
« qu'il vienne avec confiance, qu'il me
« parle, et que je le traiterai bien. »
Java remua la tête avec un air de doute,
et fut chercher Yambu. Ah! mon ami,
quelle force morale ces malheureux n'acquièrent-ils pas de la persuasion où ils
sont que la mort est non-seulement le
terme de leurs souffrances, mais qu'elle
les replace encore dans la situation la
plus heureuse, au milieu de tout ce qui

leur est cher ! Cette idée explique la fermeté et l'héroïsme qui les portent à braver les tortures et la mort. Je commençai cependant à craindre de ne pouvoir parvenir à inspirer à Yambu quelque confiance, car tout ce qui offre l'apparence de l'indulgence de la part d'un blanc à l'égard d'un esclave porte malheureusement aux yeux de celui-ci la certitude de la trahison.

Il vint. « Yambu, lui dis-je, ne crai« gnez rien et écoutez-moi. Vous avez « été traité sévèrement ; cela n'arrivera « plus. Je veux que mes esclaves soient « heureux. Quant à vous, je vous con« nais, je sais qui vous êtes, je suis ins« truit des malheurs qui vous ont réduit « à l'esclavage ; vous serez traité doréna« vant avec une bonté particulière, avec « ces attentions que l'on doit à un roi « malheureux. » Il secoua la tête, et ne me répondit rien. « Peut-être, Yambu,

« avez-vous quelque peine à me com-
« prendre ; si vous voulez, je ferai appe-
« ler Java pour expliquer ce que je vous
« dis. » Il me fit signe que cela n'était
pas nécessaire. « Enfin, lui dis-je pour le
« décider à parler, voulez-vous que je
« sois votre ami, que je traite bien les
« autres esclaves ? » Après avoir paru en
proie à la plus violente agitation, et se
livrer à de pénibles combats, j'entendis sa
voix énergique prononcer très-distincte-
ment : « Non. — Pourquoi donc, Yambu ?
« — Pas possible, vous homme blanc. —
« Mais enfin si ainsi qu'eux je vous traite
« avec bonté ? — Blanc jamais bon à nè-
« gre. » Je sentis la justesse du reproche,
et j'avoue que j'en fus déconcerté. « Mais,
« Yambu, tous les blancs ne sont pas
« méchans à l'égard des nègres, tous les
« blancs ne sont pas des économes ; que
« faut-il donc faire pour vous contenter
« et vous inspirer de la confiance ? —

« Bien traité nègres. — Je veux aussi les « bien traiter, Yambu, et vous plus par- « ticulièrement encore. — Si vous bon à « nègres, à Yambu, Yambu content, « Yambu pas besoin ami. »

Prosper était avec moi. Je crus faire un coup de maître en lui faisant signe de parler à Yambu; et il entreprit de lui persuader que j'étais sincère, que j'é- tais homme à lui tenir parole; mais à peine fut-il entré en matière que Yambu lui ferma la bouche. « Toi « mauvais nègre, lui dit-il avec mépris « et en lui lançant un regard foudroyant, « toi domestique à blanc, toi servi blanc, « toi aimé blanc, toi plus esclave, toi « plus travaillé, toi avé peur coups fouet. » Je m'aperçus que Prosper était dégradé dans l'esprit de Yambu, qui le regardait comme déshonoré par une servitude vo- lontaire, plus flétrissante à ses yeux que l'esclavage, plus pénible même que le

désespoir qui l'accompagne. « Ah ! me
« dis-je aussitôt, cet homme a été en effet
« souverain en Afrique. » J'aurais pu lui
prouver, en découvrant les épaules à peine
cicatrisées de mon pauvre Prosper, qu'il
était digne de son estime, qu'il ne craignait pas le fouet du commandeur, et lui
faire honneur de sa belle action ; mais je
crus devoir renvoyer cet éclaircissement
à un autre moment, et je fis signe à Prosper, qui paraissait très-mortifié et disposé
à entreprendre sa justification, de garder
le silence.

Dans cet instant la cloche qui appelle
les nègres à l'ouvrage se fit entendre, et
Yambu s'empressait de me quitter. « Si
« vous étiez, lui dis-je, maintenant le
« maître de travailler ou de ne rien faire,
« quel parti prendriez-vous ? — Moi pas
« mait' choisi, commandeur mait', fouet
« mait'. — Mais enfin si vous pouviez
« choisir ? — Yambu pas travaillé. — Ce-

« pendant, Yambu, quoique je ne sois
« pas obligé de travailler, je n'aime pas
« à rester à rien faire, et je cherche tou-
« jours à m'occuper à quelque chose. —
« Ouvrage libre pas ouvrage. — Eh bien,
« Yambu, je vous permets aussi de choi-
« sir l'ouvrage qui vous plaît, et de tra-
« vailler quand et comme vous le vou-
« drez. Que puis-je faire de plus pour
« vous ? — Ah ! Yambu jamais content
« dans pays blanc ; content là-haut, là-
« haut. — Pourquoi désirer la mort ? vous
« pouvez encore vivre heureux. Je ne
« peux pas vous renvoyer chez vous ;
« mais je puis rendre pour vous ce pays-ci
« encore meilleur que le vôtre. — Pas pos-
« sible. — Je puis au moins, pour vous
« consoler, rendre vos anciens sujets heu-
« reux. — Disé encore, s'écria-t-il avec
« une vivacité qui anima ses traits et qui
« fit étinceler ses yeux, disé encore faisé
« nègres heureux, et Yambu content. »

J'avais enfin touché au but. « Vous ne
« voudriez pas, lui dis-je, qu'ils travail-
« lassent sous le fouet du commandeur ?
« — Oh ! non, non, pas fouet, pas com-
« mandeur. — Et cependant il faut bien
« qu'ils travaillent, car si nous ne récol-
« tons rien, nous ne pourrons pas les
« nourrir. — Li est vrai. — Eh bien,
« soyez encore leur souverain ; gouver-
« nez-les comme vous voudrez ; distri-
« buez-leur vous-même le travail en pro-
« portion de leur âge et de leurs forces ;
« assurez-vous qu'ils l'exécuteront, et
« chargez-vous de punir quand vous le
« jugerez nécessaire ceux qui par paresse
« ou mauvaise volonté, se refusant à un
« travail raisonnable, l'auront justement
« mérité. » Il ne répondait pas, et paraissait douter de la sincérité de ces offres ;
et ce ne fut pas sans quelque difficulté que
je parvins à l'en convaincre.

Je fis appeler tous les esclaves. « Je

« veux, leur dis-je, améliorer votre sort,
« et vous rendre tous heureux. Yambu
« a été votre roi, il va l'être encore ; il
« ne travaillera plus, et vous travaillerez
« sous ses ordres. Il n'exigera de vous
« que ce que vous pourrez faire ; mais
« aussi il punira les paresseux et les mu-
« tins. » Tous s'écrièrent à la fois : « Pas
« paresseux, pas mutins. Roi Yambu
« encore roi ; nous contens, nous bien
« travaillé. » Yambu les considérait avec
attendrissement, et bientôt des larmes
s'échappèrent de ses paupières dessé-
chées. Oh! oui, d'Arcy, cet homme a
été souverain en Afrique ! — « Vous
« bon blanc, me dit-il, nous toujours
« bons nègres. Yambu prometté nègres
« bien travaillé. — Oui, oui, s'écrièrent-
« ils, nous bien travaillé, nous bien obéi
« à roi Yambu, pour roi Yambu pas avé
« chagrin. »

J'ordonnai que leur nourriture fût plus

saine et plus abondante ; je prolongeai les temps de repos ; je leur abandonnai l'après-midi du samedi pour cultiver leurs petits jardins, s'occuper de leurs affaires domestiques, et je leur laissai tout le dimanche pour remplir les devoirs de religion, pour se livrer à leurs jeux et à la danse qu'ils aiment passionnément.

Eh bien! mon ami, tout prospère sous ce nouveau régime. Il se fait maintenant plus d'ouvrage que par le passé ; le fouet déchirant du commandeur ne blesse plus mon oreille, les punitions sont rares ; l'autorité de Yambu fait tout aller, et les nègres, en reconnaissance des ménagemens que j'ai pour leur chef, travaillent avec empressement et gaieté, autant par obéissance que pour lui assurer la continuation de mes faveurs.

Certes, je n'entends pas trancher ici sur la grande question de la liberté des nègres. Je crois même que s'ils étaient libres, ils se laisseraient aller à leur indolence naturelle, qui serait encore entretenue par l'extrême facilité qu'ils ont de trouver tout ce qui est nécessaire à la vie. Je crois aussi que le travail des Européens, des créoles et même des animaux ne pourrait, sous un climat si brûlant, suppléer à celui des esclaves, et que nos colonies pourraient rester incultes ; mais comme ils ont en général un respect et une soumission sans bornes pour leurs chefs, qui empêcherait que dans chaque habitation on ne leur permît d'en élire un qui les dirigeât et qui répondît de tout. Qui empêcherait de les mieux nourrir, de les mieux vêtir dans les saisons pluvieuses, de leur accorder un repos raisonnable et quelques loisirs, pour, en se livrant à leurs jeux, se délasser de leurs travaux.

Je suis actuellement moins surpris de voir mon oncle partager une opinion différente. Je cherche quelquefois à l'excuser, en réfléchissant qu'il a pu se laisser entraîner par le torrent, surtout dans un pays où les enfans même sont autorisés à maltraiter par caprice et par passe-temps les malheureux esclaves qui les soignent. Croirais-tu enfin, d'Arcy, qu'un jeune créole prie ici ses parens de lui en acheter un, pour se divertir à le tourmenter, et que ses parens lui font ce cadeau, afin qu'il ait un objet sur lequel il puisse passer son humeur lorsqu'il s'ennuie ou qu'il est contrarié! On compte ici pour rien le zèle et l'attachement des esclaves qui sont employés au service des maîtres; on n'a pas la moindre idée de la bonté avec laquelle nous traitons nos domestiques en Europe, ni des avantages qui en résultent. Monsieur d'Aubignie a pu perdre sa fortune, ses parens, ses amis; le fidèle Leblanc lui est resté, rien ne peut l'éloigner de lui, et lui seul le console de l'abandon où il se trouve!

L'épreuve que je viens de faire, mon ami, met hors de doute les avantages de mon système sur celui qui est employé dans la colonie. Je n'ai à craindre aucune rébellion, parce que ces pauvres gens, à qui il ne manque rien, et qui sont bien traités, se trouvent mieux ici qu'ils ne l'étaient chez eux, et que le désespoir où les portent les mauvais traitemens est la seule cause des tentatives qu'ils font pour reconquérir leur liberté.

En voici la preuve. Je m'étais amusé dimanche dernier à présider leurs jeux; je leur avais fait faire une distribution extraordinaire, et ils me comblaient de bénédictions et de remercîmens. — « Eh
« bien ! leur dis-je, mes enfans, au mo-
« ment où ils allaient rentrer, vous vous
« êtes bien divertis, j'espère que demain
« vous travaillerez bien. — Oui, oui,
« mait', me répondirent-ils, nous bien
« travaillé. — Et vous, Yambu, êtes-vous

« satisfait ? Vos nègres sont-ils heureux ?
« — Oui, mait', si toujours duré comme
« ça, Yambu content, nègres contens,
« toujours bien travaillé. » Remarque,
d'Arcy, qu'il a été long-temps à m'accorder le titre de maître, et que ce n'est
que depuis peu que, convaincu enfin de
la sincérité de mes intentions, il semble
m'en avoir reconnu digne. — « Je vous
« ai promis, lui dis-je, que personne ne
« travaillerait au-dessus de son âge ou de
« ses forces, et je veux vous tenir parole.
« Le vieux Domingo est cassé et infirme,
« je l'exempte de travailler aux champs,
« il s'occupera à la case. Zoé est déjà
« avancée dans sa grossesse, elle s'em-
« ploiera aux détails intérieurs. » Ils
tombèrent tous à mes genoux, car ils
aiment beaucoup Domingo ; et après
Yambu c'est celui pour qui ils ont le
plus de déférence.

Yambu me considérait en silence, et

ses yeux se remplissaient de larmes. Je suis toujours sûr d'exciter sa sensibilité et sa reconnaissance en faisant du bien aux siens ; car il s'oublie entièrement pour ne s'occuper que de leur bonheur. — « Maît', vous pas blanc, me dit-il avec « émotion ; vous digne pour été nègre. » Ce compliment, d'Arcy, tout singulier qu'il me parût, me flatta plus que ne l'aurait fait l'éloge le mieux tourné. — « Eh bien ! leur dis-je, regrettez-vous « encore votre liberté ? — Oh ! non, non, « s'écrièrent-ils ensemble, nous plus li- « bres, nous toujours travaillé pour bon « maît', nous toujours contens. »

Yambu, paraissant sortir tout à coup d'une profonde rêverie, se frappe le front comme saisi d'une inspiration soudaine. Il range les esclaves sur deux lignes, se met à leur tête, et m'invite à l'accompagner. Il me conduit dans un bois qui termine la caférie ; il s'y enfonce, et par-

venu à une certaine distance il s'arrête;
il fait un signe aux esclaves qui semblent
hésiter. Ignorant ses intentions et le but
de cette promenade, dans un endroit aussi solitaire, aussi écarté, j'avoue que je
ne pus me défendre d'un sentiment d'inquiétude. Il ne fut pas de longue durée,
car Yambu ayant renouvelé son geste
d'une manière plus impérieuse, et l'ayant
accompagné de quelques mots que je ne
pouvais comprendre, les nègres obéirent,
se séparèrent et tirèrent des troncs creusés
de quelques arbres énormes un amas d'armes de toute espèce, qu'ils vinrent ensuite
déposer à mes pieds. — « Tiens, me dit
« Yambu d'un air et d'un ton qui m'atter-
« rèrent, dont je ne le croyais pas capable
« et qui lui donna l'apparence d'un héros;
« tiens, prends armes, nous plus voulé
« armes. » — Saisi d'effroi : « Eh! qu'en
« voulais-tu faire? lui demandai-je. —
« Tué blancs, brûlé tout, gagné liberté,

« sauvé là bas, là bas, dans les mon-
« tagnes. »

J'appris alors, en frémissant, par Yambu, qu'une vaste conspiration dont il était le chef, qui s'étendait bien au-delà de l'habitation de mon oncle, et dont celui-ci devait être la première victime, était sur le point d'éclater, lorsque je vins prendre la direction de la caférie. Mais Yambu, aussi sensible que généreux, vaincu et désarmé par ma douceur et mon humanité, me la découvrait lui-même, et me remettait ses armes! Il savait, me dit-il, que, loin d'avoir rien à craindre en me faisant cet aveu, il acquérait des droits à ma confiance, à mon estime, et même une garantie pour l'avenir, en prouvant de quoi il était capable s'il arrivait encore qu'il fût traité, lui et les siens, aussi cruellement qu'ils l'avaient été par le passé. Il me connaissait, il savait qu'il pouvait compter sur moi, et certes sa bonne opinion et ses espérances ne seront pas déçues.

J'oubliais de te dire, mon ami, que mon pauvre Prosper est rentré en grâce près d'Yambu. J'étais bien certain qu'il ne tarderait pas à se mettre au mieux avec lui; et en effet, ces deux individus, quoique de caractères bien différens, sont faits, sous tous les rapports, pour s'estimer et se convenir. Yambu lui a pardonné de m'aimer, parce qu'il trouve que je mérite de l'être. Il lui a pardonné d'être mon domestique, parce que c'est moi qu'il sert, parce que son dévouement généreux en faveur de Zizi, et le châtiment certain auquel il s'exposait pour la sauver, annonce, dit-il, un cœur qui n'est pas fait pour la servitude.

Peu de jours après cet événement mon oncle me fit appeler. « J'apprends « de belles choses, monsieur, me dit-il. « Non-seulement vous vous livrez à des

« excès extravagans, et qui sont du plus
« fâcheux exemple dans la colonie, mais
« vous découvrez des conspirations, et
« vous n'en punissez pas les auteurs! —
« Mon oncle, celle dont vous voulez me
« parler m'a été librement découverte. —
« Monsieur, j'en ai découvert aussi plu-
« sieurs par adresse, dont je n'ai pas
« moins puni sévèrement les provoca-
« teurs. — J'aurais rougi, mon oncle,
« de tromper ces esclaves. Je suis parvenu
« à gagner leur confiance, et j'ai voulu
« me la conserver. — Encore du roma-
« nesque ! Rougit-on jamais de rien,
« monsieur, devant des esclaves! Folies,
« folies que tout cela, et qui conduiront
« un jour à vous faire égorger. — Ah!
« mon oncle, je vous ai peut-être sauvé
« la vie! — Ne croyez donc pas cela.
« Gardez-vous de donner dans ces bille-
« vesées. Je suis accoutumé, monsieur, à
« ces projets de rébellion. J'en suis me-

« nacé depuis vingt ans; je les déjoue, je
« les comprime, et je les punis. — Ne
« vaut-il pas mieux, mon oncle, les pré-
« venir? — Oui, en laissant les champs
« incultes, n'est-ce pas? Vous vous y en-
« tendez! Le remède serait pire que le
« mal, et encore ne réussirait-on peut-
« être pas à s'en préserver. Et ce Yambu,
« ce chef de conspiration, cet esclave dan-
« gereux et indomptable, que j'aurais
« déjà dû faire périr, ou à qui j'aurais dû
« faire au moins couper les jarrets, il n'a
« même pas, dit-on, reçu un seul coup
« de fouet : il ne s'en est pas, ajoute-t-on,
« donné un seul depuis que vous avez
« pris la direction de ce bien! — Et ce-
« pendant, mon oncle, non-seulement le
« travail se fait, mais la caférie s'étend,
« et ses produits augmentent. — Et la
« subordination se perd, monsieur; et
« vous êtes dupe d'un mieux momentané
« qui, loin de pouvoir se soutenir, ne

« peut amener qu'un résultat funeste !
« Vous verrez, monsieur, que bientôt
« vous ne pourrez rien faire de ces es-
« claves, et je vous attends à la fin de
« l'année ! »

J'aurai beaucoup de peine, mon ami,
à convaincre mon oncle de l'avantage de
mon système sur le sien. Enfin nous verrons ; mais je crains que, malgré mes efforts, mes pauvres nègres ne soient remis
incessamment sous leur ancienne et cruelle
discipline.

———

Je reçus hier une invitation du gouverneur d'aller aujourd'hui déjeuner avec
lui, et je m'y rendis accompagné de Prosper. Juge, mon ami, de ma surprise et
de ma joie, lorsque je vis paraître Zizi
portant le déjeuner. — « Quoi ! Zizi ! m'é-
« criai-je avec ravissement ! Est-il bien
« possible ! Ah ! monsieur, comment

« avez-vous donc fait ? — Mon cher ami,
« me répondit-il, je vous ai obligé, ainsi
« que Prosper, un peu aux dépens de ma
« réputation. Voici comment je m'y suis
« pris. Je me suis décidé à demander Zizi
« à madame d'Orville, en la laissant maî-
« tresse d'y mettre le prix. Sa fille s'op-
« posa long-temps et avec opiniâtreté à ce
« qu'elle me fût livrée. La mère lui im-
« posa enfin silence, et me dit en riant :
« — Je vous jure, monsieur, que je ne
« me suis pas aperçue, lorsque vous
« vîntes chez moi, de cette petite fan-
« taisie. Au surplus, je n'ai rien à refuser
« à un homme tel que vous, et je vous
« prie de croire que je m'estime heureuse
« de pouvoir vous offrir cette esclave que
« je ne soupçonnais pas digne de votre
« attention. Elle est à vous, et il ne peut
« être entre nous question de sa valeur.
« — Je vous remercie, madame, lui ré-
« pondis-je, et je regrette seulement de

« ne pouvoir offrir à mademoiselle le par-
« tage de ma vive reconnaissance. —
« Celle-ci, furieuse de se voir enlever sa
« proie, s'en vengea sur moi par des plai-
« santeries aussi amères qu'indécentes ;
« mais n'en tenant aucun compte, j'em-
« menai Zizi ; et, à peine rentré chez moi,
« j'envoyai en échange, à madame d'Or-
« ville, Hercule, le plus beau de mes nè-
« gres. J'ai donc raison, mon cher ami,
« de vous dire que je vous ai obligé aux
« dépens de ma réputation ; mais elle est
« heureusement trop bien établie pour
« n'être pas à l'épreuve, et le temps d'ail-
« leurs éclaircira tout. L'essentiel est que
« voilà Zizi ; et depuis que je la connais,
« je ne suis pas étonné de l'intérêt qu'elle
« a inspiré à Prosper. »

Cette pauvre fille, d'Arcy, instruite de
l'obligation qu'elle m'avait, était à mes
pieds, qu'elle baignait de larmes. Je de-
mandai et j'obtins de la complaisance du

gouverneur la permission de faire monter Prosper. Quelle surprise pour lui! Quel spectacle pour nous! Non, mon ami, je ne puis te rendre cette scène attendrissante! Ces malheureux, partagés entre l'amour et la reconnaissance, éprouvaient un ravissement tel qu'ils pouvaient à peine le contenir. Ils riaient, pleuraient, riaient encore, pleuraient de nouveau, et nous ne pûmes ni nous dérober à leurs transports, ni nous empêcher de mêler quelques larmes d'attendrissement à celles que l'amour et la joie leur faisaient répandre.

J'eus beaucoup de peine à emmener Prosper et à le séparer de Zizi, malgré la permission que nous lui donnâmes de venir la voir de temps en temps; et il savait si peu en revenant ce qu'il faisait, ce qu'il disait, où il en était, qu'incapable de guider son cheval, il se serait rompu vingt fois le cou dans les ronces et les broussailles sans la précaution que je pris de l'avertir du danger qu'il courait.

Cette journée, mon ami, est une des plus heureuses que j'aie passées en ce pays; elle me console de beaucoup d'autres. Adieu.

Nota. On a déjà supprimé et l'on supprime encore plusieurs lettres d'Alphonse qui ne sont pas d'un grand intérêt, et qui n'auraient fait que ralentir et refroidir la marche de l'action.

LETTRE XXXIII.

Le même au même.

Elle vient, dis-tu, de perdre sa mère; dieu! pourra-t-elle supporter ce fatal événement? Je connais sa sensibilité et l'attachement qu'elle lui portait; de quel coup affreux cette perte a dû frapper son cœur! Ah! d'Arcy, elle conserve à la vérité un père, un protecteur; mais elle a perdu sa meilleure amie, celle qui la soutenait, qui guidait ses pas timides dans le sentier de l'adversité. Et son respectable père, brisé par le malheur, pourra-t-il ne pas succomber sous celui-ci? Et si elle venait encore à le perdre, que deviendrait-elle? Je me figure, mon ami, un ange jeté du ciel au milieu de ce monde pervers; il ne pourrait y exister, et ses vertus ne suffiraient pas pour l'y protéger contre nos vices. Redouble d'attention et de vigilance; fais-toi prévenir très-exactement de la situation d'Isaure, et avertis-moi de tout ce qui se passera. Ah! quand donc cette éternelle année d'inutiles et de pénibles épreuves finira-t-elle?

LETTRE XXXIV.

Le même au même.

Je viens, mon ami, d'échapper heureusement à un bien grand danger. La petite d'Orville, ne conservant aucun espoir de me faire changer de sentiment, fatiguée de mes dédains, empressée d'y mettre un terme et de se venger, vient enfin de me détacher son spadassin. Convaincue que j'étais l'unique cause qui la privait par mon éloignement de l'immense fortune de mon oncle, elle chercha à persuader à son Mery que j'étais au contraire le seul obstacle à ce qu'il obtînt sa main. Elle lui fit entendre que j'entrais dans les projets de mon oncle en m'obstinant à l'épouser. Elle lui a enfin persuadé qu'ils ne seraient heureux qu'autant qu'ils seraient débarrassés de moi; que c'était à lui à la venger, n'importe comment, de la violence que je prétendais lui faire, et à se frayer dans mon sang un chemin jusqu'à elle. Enfin, d'Arcy, cette implacable furie, ne pouvant attendre que le terme fatal soit écoulé, vient de lancer sur moi un vil assassin.

Il m'écrivit hier qu'il m'attendait armé à six heures du soir, et sans témoins, dans un petit bois situé à l'extrémité de notre habitation. J'y fus seul à l'heure indiquée; je le trouvai sur la place, et j'avoue que je fus surpris de l'audace qu'il montra d'abord. « Je viens, mon-
« sieur, me dit-il avec arrogance, vous
« enjoindre de renoncer à la main de ma-
« demoiselle d'Orville, vous défendre de
« penser dorénavant à elle; et au cas de
« refus, vous mettre hors d'état, en vous

« arrachant la vie, de l'importuner da-
« vantage. — Si c'est là, monsieur, lui
« répondis-je avec assez de calme, le mo-
« tif qui vous porte à vouloir m'ôter la
« vie, vous pouvez vous en épargner la
« peine, car je n'ai jamais prétendu à
« l'honneur d'épouser mademoiselle d'Or-
« ville, et vous eussiez pu ce me semble
« vous borner à prendre cet éclaircisse-
« ment sans y joindre encore la menace.
« — Cependant, me répliqua-t-il insolem-
« ment, c'est cette menace qui vous fait
« reculer, qui vous intimide, et elle n'est
« pas absolument inutile puisqu'elle me
« prouve que vous n'êtes qu'un lâche. —
« Je vais, moi, vous prouver, m'écriai-je
« avec indignation, que je ne le suis pas.
« — Cependant, ajouta-t-il en baissant
« un peu le ton, si vous vous soumettez
« à me signer une déclaration que vous
« renoncez à la main de mademoiselle
« d'Orville, peut-être pourrai-je alors

« consentir à vous laisser vivre. — Je ne
« suis pas dans l'usage de signer ce que
« j'avance, ma signature est au bout de
« mon épée, et je ne suis pas fâché de
« trouver l'occasion de châtier un insolent
« qui me pousse à bout. — C'est ce que
« nous allons voir, me dit-il en balbu-
« tiant. — Eh bien, voyons. »

Nous reculâmes de quelques pas, nous
mîmes habit bas; et l'épée à la main. Je
m'aperçus à la troisième passe qu'un
coup de seconde qui avait porté en plein,
et qui aurait dû pénétrer, avait repoussé
mon poignet et fait plier mon fer. Aussitôt un doute s'élève, je cherche à l'éclair-
cir, et un examen attentif le confirme.
Prenant alors mon parti, d'un coup de
fouet je désarme mon adversaire, j'envoie son épée à dix pas, je fonds sur lui,
je déchire le haut de sa chemise, et j'a-
perçois un ruban soutenant une peau de
buffle artistement coloriée et imitant par-

faitement la chair. Indigné de sa lâcheté, je la lui arrache avec violence, et je lui coupe le visage. Il se jette à mes pieds et me demande bassement la vie ; je la lui accorde : il se relève, et il allait reprendre son épée : « Laisse-la, tu es indigne « de la porter ; elle m'appartient, et je « sais l'usage que j'en dois faire : éloigne- « toi, et que je ne te revoie jamais. » Je pris son épée, je la rompis sur mon genou en sa présence ; il disparut, et je regagnai la maison.

Là je fis un paquet de la fameuse cuirasse, des deux tronçons d'épée, j'envoyai le tout à mademoiselle d'Orville, avec le billet que voici :

« Quand nos anciens chevaliers, made- « moiselle, se présentaient au combat, ils « s'y montraient à armes égales, et y pa- « raissaient couverts des couleurs de leurs « belles, et portant un gage de leur amour.

« Votre chevalier s'y est présenté d'une

« manière digne de vous, et je vous ai
« reconnue à son armure. Je l'ai vaincu,
« je l'ai dépouillé, je l'ai désarmé. Je
« vous renvoie ce trophée d'une victoire
« trop facile, et dont je rougis pour vous.
« Votre champion, en amour comme en
« guerre, paraît ne pas aimer les difficul-
« tés, mais je vous prie, quand vous ju-
« gerez à propos de m'en envoyer un au-
« tre, de vous rappeler que cette armure
« n'est pas de mise, et que l'honneur cou-
« vre d'infamie celui qui la porte. »

Je n'ai pas entendu parler depuis de ce
misérable. Son aventure est connue, il se
cache, et il fait bien. J'ai su que la petite
d'Orville, en recevant mon envoi, était
tombée dans des accès de fureur tellement violens qu'elle en a été malade,
qu'elle l'est encore et qu'elle ne veut voir
personne.

Encore six semaines, mon ami, et mon
sort sera décidé! Il me tarde de le connaî-

tre : compte que je ne perdrai pas un instant à t'en instruire. Ma situation est telle qu'elle ne peut que s'améliorer. Adieu.

Un navire arrive en ce moment, et point de lettres ! Et Isaure a perdu sa mère ! et j'ignore comment elle a supporté ce cruel événement ! Que peut-il donc être arrivé ?.... Ton silence m'accable..... Es-tu malade ?..... Mais alors, fais-moi donc écrire..... Ah ! d'Arcy, quel mal tu me fais !.....

LETTRE XXXV.

Le même au même.

Quel récit j'ai à te faire! Je suis arrivé, d'Arcy, au dénouement, et l'année fatale est à peine terminée! Bénis le ciel, en parcourant les détails de la terrible catastrophe, dont j'ai pensé être victime, de ce qu'il a daigné favoriser et protéger ton ami.

Les d'Orville avaient dîné chez nous. Mon oncle, dont la santé continuait de s'affaiblir, était très-soucieux; madame d'Orville était sérieuse et préoccupée, et sa fille, que je n'avais pas vue depuis l'envoi de la cuirasse, était confuse, rêveuse et chagrine. On sortait de table, lorsque

Prosper me fait signe qu'il a quelque chose d'important à me communiquer. Je sors, il me suit jusqu'aux jardins. Là il m'apprend qu'ayant été le matin par mes ordres au Fort-Royal, pour prévenir le gouverneur qui m'attendait à déjeuner que des affaires imprévues m'empêchaient de m'y rendre, il avait été en revenant assailli tout à coup dans la forêt par trois hommes bien montés, dont la figure était couverte d'un crêpe, et qui l'avaient vivement poursuivi, sans pouvoir l'atteindre, parce que, ayant heureusement pris mon cheval en place du sien pour le promener, il leur avait échappé par la vitesse de sa course. Il ajouta qu'il croyait que c'était principalement à moi qu'on en voulait, qu'on avait pu savoir que j'étais invité à ce déjeuner, qu'il était probable qu'on m'attendait au retour, et que, ce qui prouvait les intentions sinistres de ces inconnus, c'est qu'à mon défaut on s'était attaché à lui avec un tel acharnement, que, désespérant de le joindre, on lui avait tiré trois coups de pistolet, dont aucun heureusement ne l'avait atteint. Il m'observa qu'il avait jugé aux mains de ces inconnus que l'un d'eux était blanc, les deux autres de couleur, et qu'il croyait que ce ne pourrait être que Mery, surtout d'après ce qui s'était passé entre lui et moi. Il finit par m'engager avec instance à être à l'avenir s[ur] [m]es gardes, et à ne sortir que bien armé et bien accompagné.

Je remerciai Prosper de cet avis intéressant, du conseil prudent qu'il me donnait, et que je lui promis de suivre. J'ajoutai que j'étais persuadé comme lui que Mery était l'auteur de cet attentat, et que j'avais tout à craindre de son ressentiment et de sa lâcheté. Je recommandai à Prosper de suivre mon exemple, de prendre ses précautions, et je me félicitai avec lui de voir arriver l'instant où j'allais être délivré des persécutions que j'éprouvais, du tourment de l'incertitude, de la violence enfin que mon oncle prétendait me faire pour m'obliger à épouser sa protégée, et où, s'il s'opiniâtrait à exécuter ce projet, je serais libre de le quitter, de le fuir et de me réfugier sous la protection du gouverneur, à qui j'avais donné parole d'attendre patiemment jusqu'à cette époque. Je promis à Prosper de le prendre avec moi et de l'unir à Zizi, en reconnaissance du service important qu'il m'avait rendu en me dévoilant la scandaleuse intrigue de cette femme méprisable avec son Mery, et ce rendez-vous dans lequel elle se laissa surprendre lorsque la pauvre Zizi eut le malheur de s'endormir. Je me félicitai d'être parvenu à l'arracher, grâce à l'amitié du gouverneur, à la vengeance de son implacable maîtresse ; enfin je me félicitai avec Prosper d'une découverte qui, en augmentant, s'il était possible, mon aversion pour ce mariage, doublait encore mes moyens de résistance, puisque j'étais décidé à me servir de ceux qu'il m'avait procurés, pour, en cas que je ne pusse parvenir à y faire renoncer mon oncle, lui prouver que j'étais informé de la conduite de cette jeune personne, et pour le convaincre que je ne pouvais l'épouser, que je ne pouvais enfin m'unir à sa fille adultérine sans me couvrir de honte et d'ignominie.

A peine avais-je prononcé ces mots, qu'elle parut tout à coup et s'élança sur nous. Elle avait aperçu le signe de Prosper, nous avait suivis, nous avait écoutés et avait tout entendu. « Voilà donc, s'é-
« cria-t-elle avec fureur, le motif de la mé-
« prisable intimité qui existe entre vous
« et ce vil esclave ! Vous croyez me con-
« naître ?.... Eh bien ! vous ignorez en-
« core ce dont je suis capable. Apprenez
« que je ne me prêtais aux projets de votre

« oncle qu'en faveur de sa fortune, et
« puisqu'il faut que j'y renonce, je vous
« déclare que j'aime Mery, que je vous
« déteste, et que je ne négligerai rien
« pour vous en donner des preuves cer-
« taines. Vous entendrez bientôt parler
« de moi, et je vous laisserai au moins
« un long et cuisant souvenir. Quant à
« ce malheureux, je vais sur-le-champ
« prévenir votre oncle que c'est à ses in-
« fâmes calomnies que je dois le mépris
« dont vous osez me couvrir. C'est par
« lui que va commencer ma vengeance,
« je saurai bien encore atteindre sa com-
« plice, et il ne sera pas dit que j'aurai
« impunément été victime d'un complot
« ourdi par de misérables esclaves, à qui
« il devrait être même défendu de parler
« de leurs maîtres. »

Surpris et effrayé au-delà de toute ex-
pression, mon premier mouvement fut
de l'arrêter; mais elle était déjà bien loin,

et la fureur lui prêtait des ailes. Pour Prosper, il était plus mort que vif, et je ne pus parvenir à le rassurer. — « Ah ! « bon mait', me dit-il enfin, Zizi pas « menti, Zizi jamais menti. Li mouri « pou' disé vérité ! Pauv' Zizi ! Prosper « mouri aussi ; li mouri pour bon mait'. « Li consolé pour li, li fâché pour pauv' « Zizi. Ah ! bon Dieu, bon Dieu ! — « Non, non, lui dis-je, tu ne mourras pas, « Zizi ne mourra pas, vous m'appartenez « tous deux ; personne n'a le droit d'at- « tenter à vos jours, et je saurai les dé- « fendre ! — Oui, bon mait', quand Pros- « per mort, quand Zizi mort, vous faisé « voir pas devé mouri ; mais pauv' Pros- « per, pauv' Zizi toujours morts. — Sois « tranquille. Qui que ce soit n'osera met- « tre la main sur toi. — Ah ! Prosper savé « bien, vous pas pouvé empêcher grand « mait' Morenval. Adieu, bon mait', « quand Prosper mort, vous pensé à

« pauv' Prosper ; vous disé un jour à
« bonne petit maîtresse là-bas, Prosper
« bien fâché mouri avant connaître ; vous
« disé, si Prosper pas mouri, Prosper
« bien aimé elle, bien servi elle, comme
« li aimé bon mait', comme li servi bon
« mait' ; vous disé Prosper li avé sauvé
« petit maîtresse dans l'eau. Adieu, bon
« mait', adieu. » — Et il sanglotait, il
pleurait à chaudes larmes. Attendri par
l'espèce de testament que faisait ce pauvre garçon : « Viens, viens, lui dis-je, en
« m'essuyant les yeux, suis-moi, je ré-
« ponds de tout, et je t'assure qu'il ne
« t'arrivera rien. Zizi est chez le gouver-
« neur, qui saura la protéger, tu ne dois
« avoir aucune inquiétude sur elle. »

Nous rentrons. J'évite mon oncle et
les d'Orville ; je soupe chez moi, j'y garde
Prosper, je n'entends parler de rien :
mais le lendemain mon oncle me fait appeler ; je vais le trouver dans son cabinet.

Il me lança en entrant un regard foudroyant : « Vous avez, monsieur, me
« dit-il, abusé de mon attachement ; vous
« vous êtes joué de mon indulgence. Je sais
« tout, et mademoiselle d'Orville ne m'a
« rien laissé ignorer. Il paraît que vous sa-
« vez même qui elle est, que vous êtes au
« fait de ma situation entre vous et elle,
« et que, loin de me savoir gré de ce que
« je voulais faire pour concilier d'aussi
« chers intérêts, loin de répondre aux
« bontés que j'avais pour vous, vous vous
« êtes fait un prétexte de quelques légères
« inconséquences, de quelques insigni-
« fiantes étourderies, qui sont échappées
« à cette jeune personne, dans un âge où
« l'on ignore encore les convenances,
« pour la déshonorer, et que vous n'avez
« trouvé pas de moyen plus commode
« pour y parvenir, et pour justifier votre
« résistance que de la rendre, malgré
« l'intérêt que je lui porte, votre victime.

« Eh ! quels sont les complices que
« vous avez choisis pour faire réussir cet
« abominable complot? Deux vils esclaves,
« qu'en admettant qu'il n'y ait pas de con-
« nivence entre vous, vous eussiez dû au
« premier mot qu'ils ont proféré sur le
« compte de leurs maîtres, faire rentrer,
« à grands coups de fouet dans le devoir,
« et qui aujourd'hui, par le mal qu'ils ont
« causé, ont mérité la mort. C'est donc
« pour soustraire l'esclave de mademoi-
« selle d'Orville au châtiment qui lui est
« dû que vous l'avez fait ôter à sa maîtresse,
« et que vous l'avez mise sous la protection
« du gouverneur, que vous avez sans doute
« trompé sur le motif? Mais je saurai le
« désabuser, je saurai me la faire rendre,
« pour en faire un exemple effrayant. En
« attendant, monsieur, que je prononce
« sur ces esclaves coupables, j'ai une seule
« question à vous faire, et votre réponse
« fixera votre sort. Il n'y a plus d'époque,

« plus de termes, plus d'année. Au point
« où en sont les choses, quelques jours
« de plus ou de moins ne m'arrêteront pas,
« et je prétends enfin être satisfait. Consen-
« tez-vous à épouser de suite, aujourd'hui
« même, mademoiselle d'Orville ? —Non,
« mon oncle ; mais quand bien même j'y
« aurais été disposé, je n'épouserai cer-
« tainement jamais une femme qui,
« deux fois, a voulu me faire assassiner.
« — A d'autres, monsieur, ce sont des
« contes. Mery qui l'aime, qui ne lui
« convient pas, et que j'ai chassé, connais-
« sant mes projets sur vous, a pu vouloir
« chercher à se venger de la préférence
« qu'on vous accordait : c'est tout simple.
« Il vous a provoqué, il s'est présenté
« comme un lâche ; vous l'avez démasqué
« et puni, et vous avez bien fait. La petite
« d'Orville, piquée de vos dédains, a pu
« vous en vouloir ; mais votre esclave
« vous a trompé, il vous a menti, lorsque,

« pour se rendre intéressant, il a prétendu
« qu'on vous attendait dans le bois pour
« vous assassiner, et qu'il pensa lui-même
« être victime des assassins. En deux
« mots, monsieur, et pour la dernière
« fois, épousez-vous, oui, ou non, ma-
« demoiselle d'Orville ? — Non, mon on-
« cle. — Rentrez-vous dans la religion de
« vos pères ? — Jamais. — Eh ! bien,
« s'écria-t-il avec emportement, j'at-
« tends mon notaire ; je vous déshérite,
« je vous lègue ma malédiction, je donne,
« dès aujourd'hui toute ma fortune à
« mademoiselle d'Orville. — Je n'ai rien
« à répliquer. — Mais pour l'honneur du
« nom, et ne pas vous réduire à mendier
« encore votre pain, je vous laisse mille
« piastres viagères, payables, chaque an-
« née, par les mains de celle même que
« vous dédaignez, et sous la condition ex-
« presse que vous ne vous montrerez dans
« aucun endroit où je suis connu.—Je vous

« remercie, mon oncle; je refuserais,
« de la main de mademoiselle d'Orville
« le dernier morceau de pain qui pour-
« rait me conserver la vie. Quant à
« l'honneur du nom, soyez sans inquié-
« tude, et restez persuadé que je saurai
« le maintenir sans tache dans quelque
« situation que je me trouve. — Sortez,
« monsieur, sortez, et que demain le
« soleil en se levant ne vous retrouve pas
« ici. — J'obéirai, mon oncle. — Envoyez
« sur-le-champ votre esclave au com-
« mandeur. — Qu'en voulez vous faire ?
« — Le faire périr sous le fouet. Il est
« à moi. — Je le reprends. — Vous me
« l'avez donné, et j'invoquerai s'il le faut
« les lois pour le sauver et l'arracher de
« vos mains. — Avant qu'elles prononcent
« il aura cessé de vivre. — Prenez garde,
« mon oncle, à ce que vous allez faire.
« S'il ne vous est pas permis de disposer
« sans jugement de la vie d'un de vos es-

« claves, songez que vous pouvez bien
« moins disposer de celle de l'esclave d'un
« autre. — Je connais les lois, monsieur;
« elles ne m'empêchent pas de faire expi-
« rer un nègre sous le fouet : celui-ci péri-
« ra, et je fais mon affaire du reste. » C'était
un dimanche, les esclaves étaient à leurs
cases. Il ordonne qu'on les fasse assembler
et qu'on livre Prosper au bourreau.

Je me jetai à ses pieds. — « Vous me
« rejetez, lui dis-je, vous me chassez,
« vous m'abandonnez; je n'en murmure
« pas, vous êtes le maître; je suis accou-
« tumé au malheur, et je vous pardonne.
« Mais, au nom du ciel, épargnez-vous un
« crime ; ne souillez pas un nom dont
« l'honneur vous est cher; pardonnez à
« cet esclave, il n'a pas mérité la mort.
« S'il a commis une indiscrétion, son at-
« tachement pour moi la lui a arrachée;
« ne me tuez pas en le faisant périr......
« Grâce, grâce, mon oncle, pour ce mal-

« heureux. Je ne vous demande que sa
« vie, et j'abandonne sans regret le reste...
« Ah ! laissez-vous fléchir, m'écriai-je ;
« que j'emporte au moins en partant un
« seul souvenir de vos bontés"; il vivra
« éternellement dans mon cœur ! — Il
« périra, me dit-il avec fureur, il périra ;
« retirez-vous, si vous ne voulez le voir
« mettre en pièces sous vos yeux. »

Je jetai un regard par la fenêtre; je vis
tous les esclaves formant un vaste carré.
Je vis au milieu d'eux le fatal poteau vers
lequel on conduisait Prosper. Cet infortuné marchait avec résignation ; il tour-
nait seulement de temps en temps la tête,
dans l'espoir sans doute de m'apercevoir
et de m'adresser un dernier adieu.

Je me jetai de nouveau aux pieds de
mon oncle, que je baignai de larmes. —
« Il en est temps encore, lui dis-je avec un
« désordre que je pouvais à peine con-
« tenir...., accordez-moi sa vie, ou je ne

« réponds pas de mon désespoir. — Eh
« bien ! me dit-il froidement, elle dépend
« encore de vous. — Ah ! parlez, que
« faut-il faire ? — Epouser aujourd'hui
« même mademoiselle d'Orville. — Ja-
« mais, jamais ! » Le barbare fait signe
alors que l'on commence le supplice du
malheureux Prosper. — « Homme cruel !
« m'écriai-je en me relevant, vous allez
« apprendre à votre tour de quoi je suis
« capable. Ne vous en prenez qu'à vous-
« même du parti violent auquel vous me
« réduisez. »

Déjà j'entendais résonner le fouet déchirant; déjà je comptais les coups. Je m'é-
lance, je franchis tout ; j'arrive au fatal
poteau avec la rapidité de l'éclair. — « Ar-
« rêtez, dis-je au féroce commandeur, je
« fais grâce à cet esclave. » Le fouet reste
suspendu. Mon oncle arrive écumant de
rage, et portant un pistolet de chaque
main. — « Frappez, s'écria-t-il au com-

« mandeur, frappez sans pitié; point de
« grâce; je vous l'ordonne, je suis votre
« maître. — Vous paierez de la vie, dis-je
« à l'exécuteur, le premier coup qui tom-
« bera sur cet esclave. — Vous paierez de
« la vie, s'écria mon oncle, le moindre
« délai à exécuter mes ordres. — Ce nègre
« est à moi, vous n'avez aucun droit sur
« lui. — Commandeur, obéissez, ou je
« vous brûle la cervelle. — Barbare! vous
« rompez dès ce moment tous les liens
« qui m'attachent à vous; vous ne m'êtes
« plus rien; vous n'êtes pas un Moronval,
« et je ne garde plus aucune mesure. Au
« nom du gouverneur, m'écriai-je avec
« force, et en prenant un ton d'autorité,
« je suspends l'exécution jusqu'à ce qu'il
« ait prononcé. C'est lui qui jugera si cet
« infortuné a mérité la mort, et si un
« tyran a le droit de torturer ainsi ses es-
« claves. Qu'on détache à l'instant même
« celui-ci; je le prends sous ma garde, je

« le présenterai quand il en sera temps. »

À peine eus-je achevé ces mots que mon oncle, écumant de rage, court sur moi le pistolet au poing. — « Meurs, re-« belle! s'écria-t-il. » Prosper, s'oubliant pour ne s'occuper que du danger qui me menaçait, jette un cri perçant; Yambu, que le dimanche avait attiré chez nous, s'élance avec promptitude, saisit l'arme, la détourne; le coup part, et la balle frappe l'air. Mon malheureux oncle se retourne, et, de l'autre pistolet, fait sauter la cervelle au généreux Yambu.

Alors l'indignation, trop long-temps contenue, éclate avec violence, s'empare de tous les esprits; et je ne suis plus occupé qu'à en arrêter l'excès, et à empêcher que mon oncle n'en devienne la victime. Il n'y avait plus à balancer, un seul parti pouvait le sauver. — « Emparez-« vous, dis-je aux économes, de M. de « Moronval; conduisez-le à son apparte-

« ment, et gardez-le jusqu'à mon retour.
« Je vous rends personnellement respon-
« sables des excès qu'il pourrait se per-
« mettre en mon absence. Et vous, mes
« enfans, dis-je aux esclaves, apaisez-
« vous; soyez tranquilles, rentrez en si-
« lence dans vos cases, et restez-y jusqu'à
« mon retour. Comptez sur moi, je vais
« trouver le gouverneur; vous le con-
« naissez, et vous n'avez pas à craindre
« qu'il impute jamais à rébellion la dé-
« férence que vous avez eue pour mes or-
« dres. Justice sera faite et sur Prosper
« et sur Yambu. Je ne tarderai pas à
« reparaître avec le gouverneur. Adieu,
« monsieur, dis-je à mon oncle, en te-
« nant Prosper par la main; adieu......
« Je bénis le ciel de m'avoir accordé la
« fermeté nécessaire pour prévenir et ré-
« parer vos crimes. Adieu, vous la honte
« et l'opprobre des Moronval. »

Les économes tremblant pour eux-mêmes obéissent, et entraînent mon oncle que la fureur rendait méconnaissable, et qui ne s'apercevait pas qu'on l'arrachait à une mort certaine. Les esclaves, dociles à ma voix, me couvrent de bénédictions, se retirent, et emportent en pleurant le corps du brave Yambu, tandis que Prosper, le pauvre Prosper, prosterné à mes genoux, les baignait des larmes de sa reconnaissance, et je fus obligé d'user en quelque sorte d'autorité pour en arrêter les épanchemens et le forcer enfin à me suivre.

Nous montons à cheval, et bien accompagnés, nous entrons au Fort Royal. Je me présente chez le gouverneur, je le trouve, je l'instruis dans le plus grand détail de tout ce qui vient de se passer. Indigné de la conduite féroce de mon oncle, il se décide à se rendre avec moi chez lui, et à lui donner, en attendant que cette conduite soit examinée dans les formes, un surveillant, qui devait l'empêcher de se porter contre ses esclaves à des excès qui pouvaient mettre en danger la colonie.

Nous arrivons. Quel spectacle! mon oncle affaibli par la maladie qui le minait depuis long-temps, suffoqué par sa rage impuissante, venait d'être frappé d'apoplexie à l'instant même où le notaire, après avoir dressé sous sa dictée le testament qui me déshéritait, et par lequel il donnait tout à mademoiselle d'Orville, le lui présentait à signer, et où mon oncle, tenant la plume, avait déjà formé la première lettre de son nom. Il expira en notre présence, et je me trouvai par cet événement inattendu, et au moment où j'allais manquer de tout, seul héritier de son immense fortune! Oh! Providence, je respecte tes décrets!

Je me mets à la tête de sa maison, l'ordre se rétablit, et je respire. Oncle infortuné ! que lui manquait-il pour être heureux, s'il eût su maîtriser ses passions ! Mais je m'arrête.... Il n'est plus, il ne m'est permis que de le plaindre, je dois maintenant oublier ses torts; et quand le ciel frappe, c'est à nous à nous taire.

Je suis actuellement occupé à arranger mes affaires. J'assure le bonheur de mes esclaves en changeant mes économes et en les remplaçant par d'autres plus humains. Je dispose tout pour mon retour, j'emmène avec moi Prosper et Zizi. J'ai présidé aux funérailles du généreux Yambu, à qui je dois la vie, et qui a péri pour me l'avoir sauvée. J'ai fait élever sur sa tombe un monument digne de lui, qui rappelle tout à la fois et ce qu'il a été et le service éminent qu'il m'a rendu. Ah ! en se dévouant pour moi, en cessant d'exister, il a acquis à tous mes esclaves un double titre à mon humanité, à ma bienveillance, et je veux que, chaque jour, ils m'acquittent envers lui en bénissant sa mémoire pour le bien qu'il leur aura procuré. Quatre cents d'entre eux ont pleuré sur la tombe de ce souverain si justement regretté, et tous ont assisté d'un œil sec aux magnifiques obsèques de mon oncle ; mais leur joie d'être délivrés de sa tyrannie n'a pas été de longue durée, puisqu'elle a été bientôt obscurcie par le chagrin qu'ils éprouvent de me perdre.

Envoie de suite, mon ami, l'incluse à M. d'Aubignie. Elle lui annonce la mort de mon oncle, et que mon intention est de repasser en France pour aller lui demander la main de sa fille ; mais comme je crains tout, que je ne veux rien mettre au hasard, et qu'il se pourrait qu'on ne donnât pas à Isaure connaissance de ma lettre, écris, je te prie, sur-le-champ à mademoiselle Julie, et prie-la d'annoncer à son amie l'événement qui me permet enfin de couronner ses vertus et de rétablir la fortune de son père. Ne m'écris plus ici, tes lettres ne m'y trouveraient pas. Quel ravissement j'éprouve en songeant que je vais enfin mettre un terme aux malheurs qui ont accablé pendant si long-temps cette famille intéressante !..... Adieu, adieu.

Encore un navire et point de lettres ! Dieu ! que peut-il donc être arrivé ? Que ne puis-je partir demain, et mettre fin à mes inquiétudes ! On m'assure que plusieurs bâtimens destinés pour cette île sont péris dans le golfe de Gascogne. Peut-être avaient-ils de tes lettres. Mais aussi pourquoi ne pas écrire par chaque bâtiment ? Ah ! si tu savais combien je souffre de ton silence ! Depuis que tout paraît me rendre à Isaure, depuis que je ne m'occupe qu'à l'aller rejoindre, je suis, je ne sais pourquoi, plus inquiet que je ne l'étais avant. De noirs pressentimens m'agitent; je fais de vains efforts pour les braver; et chaque jour, qui en s'écoulant devrait me rapprocher du bonheur, paraît au contraire m'en éloigner davantage.

LETTRE XXXVI.

Le même au même.

Le gouverneur, mon ami, est venu d'amitié me demander aujourd'hui à dîner. Tu ne devinerais jamais quel est le joli cadeau qu'il m'a apporté. Il m'a fait présenter par Zizi, au dessert, et au milieu d'une magnifique corbeille de fruits et de fleurs de France, un paquet de la cour contenant ma réintégration dans mes titres et dans mes biens. Que ne dois-je pas, d'Arcy, à cet homme obligeant! puisque si mon oncle eût assez vécu pour me déshériter, loin de tomber dans le besoin, loin d'être réduit peut-être à changer de nom pour ne pas le voir flétri par la dépendance, loin d'être exposé à un refus si j'avais osé demander la main de mademoiselle d'Aubignie, je me serais retrouvé en situation de l'obtenir et de m'acquitter envers son père. Suis-je heureux, mon ami! Oh! non, pas encore, car tu sais que je ne peux l'être qu'avec Isaure, et mon bonheur ne me touche que par l'espoir de le partager avec elle. Mais que faire de tant de richesses? Ah! à notre exemple, nous ferons des heureux; nous avons connu l'infortune, et jamais nous ne fermerons l'oreille à ses gémissemens.

La petite d'Orville vient de se faire enlever par Mery, qui, après l'éclat que cet événement a causé, a paru à dessein hésiter de l'épouser. La mère, d'abord très-irritée, a été réduite à aller solliciter Mery d'accepter la main de sa fille; et celui-ci n'y a consenti qu'à la condition que, par contrat de mariage, sa femme lui ferait une donation de la totalité de ses biens. Il a fallu y souscrire pour éviter le déshonneur, et déjà une partie de cette fortune est engloutie pour acquitter les dettes énormes qu'a contractées Mery. La mère est cruellement punie du mauvais exemple et de la mauvaise éducation qu'elle a donnés à sa fille. Celle-ci est plus à plaindre encore, et son plus cruel ennemi ne pourrait s'empêcher d'en avoir pitié. Qu'attendre en effet d'un mariage contracté sous de pareils auspices ? Mery ne peut tarder à se ruiner complétement par toute espèce de débauches et d'extravagances ; sa femme ne le secondera que trop ; et lorsqu'il ne lui restera plus rien, elle doit s'attendre à tout, car il est capable de tout, même d'attenter à sa vie pour s'en débarrasser et trouver des ressources avec un autre.

Cette lettre, mon ami, est là depuis trois mois. Je ne devais pas la finir, et je n'existe que par une espèce de miracle. Je dois la vie à Zizi; je n'y reviens qu'après de grandes souffrances, et je suis encore si faible, que je puis à peine écrire. Je t'ai mandé que le gouverneur était venu dîner avec moi, et je t'ai fait part de la surprise agréable qu'il m'avait ménagée. Il venait de me quitter; j'avais commencé cette lettre; la soirée invitait à la promenade, et je parcourais mes bosquets suivi de Zizi et de Prosper, lorsque je fus piqué à la jambe par un serpent dont la blessure est mortelle quand le remède n'est pas appliqué sur-le-champ. Je me trouvai mal, et j'étais perdu pour peu que l'on différât à me secourir.

Prosper, éperdu, courut à toutes jambes chercher le chirurgien de l'habitation, qui fût arrivé trop tard si la bonne Zizi n'eût de suite mis en usage un moyen presque infaillible, quoique souvent fatal à celui qui ose l'employer. Malgré le danger auquel elle s'exposait, elle ne balance pas, elle me déchausse, porte sa bouche sur la plaie, et en suce le poison. Ah! si j'avais été à moi, je me serais opposé à un semblable dévouement! Ses efforts et sa persévérance parviennent à me délivrer du venin, mais déjà il avait fait quelques progrès. On vient à mon secours, on me transporte; une fièvre violente me saisit; je passe plusieurs jours dans un affreux délire, et ce n'est qu'après de longues inquiétudes et avec les plus grands soins que l'on parvient enfin à me sauver. Mais Zizi, la pauvre Zizi pensa être victime de son généreux dévouement. Malgré la précaution qu'elle avait prise de rejeter le venin, elle fit une maladie horrible; nous fûmes vingt fois à la veille de la perdre. Prosper se désespérait tout en applaudissant à sa belle action, et il ne lui aurait pas survécu. Elle est sauvée, et ce qu'elle a fait pour moi la lui rend s'il est possible plus chère encore. Ah! mon ami, je suis bien récompensé par l'attachement de mes esclaves de la bienveillance avec laquelle je les traite. Il m'est aussi difficile de te peindre la douleur et l'inquiétude qu'ils ont éprouvées tant que j'ai été en danger, qu'il l'est de t'exprimer la joie qu'ils ressentent de mon entier rétablissement. Zizi, qui est sortie hier pour la première fois, ne sait comment se dérober à leurs caresses, aux témoignages de leur admiration et de leur gratitude. Ils se sont réunis aujourd'hui, dimanche, pour lui donner une fête dont ils m'ont supplié d'être le témoin. Je n'ai pu m'y refuser quand ils m'ont observé qu'elle n'aurait de prix qu'autant que Zizi aurait sous les yeux le bon maître qu'elle leur avait conservé. Ils se proposent, m'a-t-on dit, de mettre en action et de représenter à leur manière l'événement qui a pensé me coûter la vie, et l'héroïsme qui me l'a conservée. Leur embarras a été pendant long-temps de trouver un blanc qui voulût se prêter à jouer mon rôle. Ils y sont parvenus. Déjà ils ont réussi à se mettre en possession des habits que je portais au moment où l'accident m'arriva ; le serpent de carton peint est préparé ; le lieu de la scène est le même, et cette représentation sera accompagnée de chants, de danses, de pantomimes. Ils doivent ensuite élever Zizi sur un palanquin, la proclamer leur reine, et chacun doit lui offrir son hommage et son tribut, qui consistera en fruits et en fleurs. Ils sont aux anges; ils croient m'étonner et me ménager une surprise, et ils ignorent, ces pauvres gens, que je suis dans le secret. Au reste, mon ami, je me fais un grand plaisir d'assister à cette fête ; j'en aurai vu sans doute de plus magnifiques, de plus somptueuses ; mais je n'en aurai pas vu d'aussi touchante, puisque c'est le cœur qui l'a préparée.

Je vais profiter de cette fête pour commencer à m'acquitter envers Zizi et Prosper, et je vais la couronner en leur donnant la liberté, et en les mariant ensemble. Ils seront heureux dès aujourd'hui ; ils le seront avant moi ; mais loin d'en être jaloux, j'espère que cette bonne action me portera bonheur. D'Arcy, que ne dois-je pas à ces généreux esclaves ! Ah ! je suis bien payé de tout ce que je fais pour eux par leur amour et leur reconnaissance !

On fait mes paquets, on dispose mes bagages, on encaisse, on emballe, on charge à bord du navire, on dirait que Prosper a cent bras. Encore huit jours, et ceux qui succéderont me rapprocheront d'Isaure. O bonheur !..... Je vais tous les matins à bord du bâtiment qui doit me ramener vers elle. Je me plais à l'embellir, parce que je veux l'y recevoir; parce que je veux, lorsqu'elle y entrera, qu'elle y rencontre tout ce qui peut lui plaire, la flatter et lui retracer mon amour. J'en veux faire enfin une féerie. Cette idée me console, elle calme mon impatience, mes inquiétudes, elle me rapproche d'elle, et il me semble lorsque je suis dans ce navire, dans cette chambre que je fais décorer pour elle, que je l'y vois à mes côtés. J'y fais placer à grands frais ce que la colonie produit de rare, de meilleur, tout ce que je crois digne d'elle.

J'ai adressé dernièrement à mon correspondant à Bordeaux un envoi des fruits les plus beaux, les plus exquis, avec ordre de faire en sorte qu'ils parviennent à mademoiselle d'Aubignie chez son père la veille de sa fête, après avoir été disposés dans les corbeilles les plus élégantes que l'art peut offrir; et pour peu que les vents servent, Isaure joindra comme par le passé mon offrande à toutes celles qu'on lui présente à cette époque intéressante.... Ah! ces fruits ne vaudront jamais les grappes de raisins de la bonne Lasune. Cette vigne, mon ami, sera conservée ; car je me propose de l'aller visiter chaque automne avec Isaure.

Si le désir de la vengeance pouvait trouver accès dans mon cœur, j'éprouverais aujourd'hui la jouissance la plus étendue. Je suis encore épouvanté de la terrible catastrophe qui vient d'accabler les d'Orville, et dans laquelle l'humanité m'a entraîné à jouer un rôle et à prendre une part active.

Madame Mery était à peine réconciliée avec sa mère, qui ne consentit à la voir et à se rapprocher d'elle que dans l'espoir que ses conseils pourraient prévenir sa perte, qu'elle monta et meubla somptueusement une maison magnifique au Fort-Royal, où elle se livra avec son mari à un luxe effréné et à des dépenses si extravagantes, qu'elles devaient avant peu les conduire à une ruine totale. On y tenait table ouverte, on y donnait des fêtes splendides, on y jouait un jeu désordonné; et comme le jeu est la passion dominante de cette jeune femme, elle s'y abandonnait au point de risquer dans une nuit des sommes qui pouvaient compromettre la fortune qu'elle avait été obligée d'abandonner à son mari. Elle ne fut pas heureuse, elle perdit beaucoup, parce que sa maison étant en quelque sorte ouverte à tous ceux qui se présentaient avec de l'or, on prétend qu'elle fut tellement dupe, que l'adresse même de son mari pour couvrir ses pertes ne put y parvenir.

Ayant en dernier lieu perdu sur parole

une somme très-considérable avec un major de la garnison, qui depuis quelque temps paraissait lui faire la cour, elle ne trouva pas de meilleur moyen de s'acquitter que de favoriser ses entreprises, et elle lui accorda en conséquence un rendez-vous, dans lequel elle se proposait, lui dit-elle, de se libérer entièrement avec lui. Mery revint au moment où il était le moins attendu; il surprit sa femme avec le major, et, au lieu de demander raison à celui-ci de l'affront qu'il venait d'éprouver, il eut la lâcheté de le poignarder et de couper la figure à sa femme, au point de la rendre méconnaissable. Celle-ci a assuré confidentiellement que, lorsqu'il sut d'elle que son but dans ce rendez-vous avait été de s'acquitter aussi facilement, il avait éprouvé le regret le plus vif de son ignorance et de sa précipitation.

Le major ne paraissant plus, on se livra à mille conjectures qu'on allait abandonner, lorsqu'un officier du même régiment, et que le major avait mis dans la confidence de ce rendez-vous, en fit une déclaration qui fit naître des soupçons et qui provoqua une enquête. On fit des perquisitions chez Mery; l'état où l'on trouva la femme, l'aveu fait par une esclave de confiance, qu'elle avait introduit le major près de sa maîtresse, et qu'elle ne l'avait pas vu sortir à la suite d'un grand bruit occasioné par le retour du mari, tout augmenta les soupçons, encouragea à continuer les recherches, et bientôt l'on découvrit le corps de l'infortuné major qu'on avait enterré dans le jardin.

La justice s'empara de l'affaire; elle poursuivit Mery et sa femme; ils furent arrêtés, emprisonnés; tout annonçait le résultat le plus funeste, lorsque les sollicitations, les intrigues et l'or de madame d'Orville parvinrent à civiliser l'affaire, et l'honneur de la femme fut sacrifié pour sauver le mari de l'échafaud. Il fut supposé que celui-ci, furieux de trouver le major à une heure indue près de sa femme, l'avait combattu sur-le-champ à armes égales, l'avait tué à son corps défendant, et que le seul désir de cacher l'injure qu'il avait reçue l'avait porté à enterrer le corps dans son jardin. Je tiens cependant de bonne part que tous les coups qui avaient été portés au major l'avaient été par derrière.

Quoi qu'il en soit, l'or et l'intrigue prévalurent, les coupables furent remis en liberté; Mery rentra audacieusement dans le monde, mais sa femme se tint prudemment enfermée chez elle; parce que, quoique les mœurs en général soient ici très-dissolues, Mery a imprimé sur sa figure et en traits ineffaçables le cachet du déshonneur. Le major d'ailleurs étant très-aimé dans son corps et même des principaux habitans, elle n'aurait pu se montrer sans élever contre elle un cri général d'indignation.

Cet événement aurait dû leur servir de leçon. Ils pouvaient réaliser les débris de leur fortune et aller s'établir dans toute autre colonie où ils n'auraient pas été connus, et où, en utilisant leurs capitaux, soit dans le commerce, soit dans la culture, ils auraient pu, rendus sages par l'expérience, se procurer encore une existence agréable.

Mais ce moyen ne convenait pas à Mery, qui, décidé à rétablir à tout prix sa fortune et à la rendre telle qu'elle contribuât à couvrir son déshonneur, ne trouva pas de moyen plus expéditif que de fabriquer des pièces et de contrefaire la signature du gouverneur, pour favoriser des opérations frauduleuses et un commerce interlope assez considérable pour lui procurer en peu de temps des bénéfices immenses. Il fut trahi par ceux mêmes qu'il employait à cette opération ; les bâtimens furent arrêtés, les pièces falsifiées furent trouvées à bord, on remonta à la source ; Mery fut accusé de les avoir faites et livrées, d'avoir armé les bâtimens ; il fut enlevé, jeté en prison ; son procès lui fut fait, il fut reconnu coupable, condamné à être pendu, et tous ses biens furent confisqués.

Cette fois l'intrigue, les sollicitations et les sacrifices devinrent inutiles ; le gouverneur fut inexorable, et le jour de l'exécution était fixé. Je ne plaignais pas ce scélérat, mais je gémissais malgré moi sur la chute épouvantable qu'éprouvait sa malheureuse épouse, que naguère j'avais vue si brillante, si fêtée, et l'objet des soins, de l'adulation et des hommages de toute la colonie. Ah! son châtiment surpassait peut-être encore ses fautes, et sa situation affreuse me navrait le cœur. J'oubliais sa conduite envers moi, ses torts à mon égard, ceux de mon oncle, pour ne m'occuper que de ce qu'il aurait souffert s'il eût assez vécu pour être témoin de ces désastres. Je savais qu'elle était sa fille, et personne ne l'ignorait ; je savais qu'ayant tout donné à son mari elle se trouvait par la confiscation réduite à la plus affreuse misère, et je me proposais de venir à son secours, et de lui procurer, en la dépaysant, de quoi la mettre à l'abri du besoin.

Je méditais sur tout cela, lorsqu'on vint m'annoncer que deux dames demandaient à me voir. J'ordonnai qu'on les fît entrer ; mais quelle fut ma surprise en reconnaissant madame et mademoiselle d'Orville, qui avaient prié de ne pas les nommer, par la crainte que je ne refusasse de les recevoir. La pâleur, l'a-

battement rendaient la mère méconnaissable, et je n'aurais jamais reconnu la fille, jadis si jolie, maintenant si défigurée, si elle n'avait accompagné sa mère, et si elle n'était ainsi qu'elle venue se jeter à mes pieds. « Ah! monsieur, me
« dit la mère en sanglotant, vous con-
« naissez nos malheurs, ils sont affreux...
« ...... Ah! sauvez-nous de la honte et
« du désespoir. Vous êtes généreux, vous
« êtes sensible : notre unique espoir est
« en vous, et s'il est déçu, il ne nous
« reste qu'à mourir!... Voyez ma fille!...
« Ma fille unique! C'est vous dire que
« ma destinée est attachée à la sienne et
« à celle de l'enfant qu'elle porte main-
« tenant dans son sein. Vous savez l'in-
« térêt que monsieur votre oncle prenait
« à son bonheur! Hélas! je suis forcée
« de vous rappeler, en rougissant, ce
« qu'elle lui était, et le motif puissant
« qui l'attachait à elle. Daignez le rem-

« placer aujourd'hui, daignez faire pour
« elle ce que monsieur de Moronval au-
« rait fait lui-même, s'il eût vécu pour
« la voir aussi malheureuse !..... Ah !
« monsieur, oubliez ses torts, ceux de
« son mari ; elle ne veut vivre que pour
« les réparer..... Sauvez l'un d'une mort
« honteuse..... Sauvez l'autre du déses-
« poir..... Elle est repentante, elle est à
« vos pieds ; et si elle osait, si elle ne
« craignait de vous indisposer en s'adres-
« sant directement à vous, elle vous en
« donnerait l'assurance, elle joindrait ses
« supplications aux miennes. »

Je les relevai, je les fis asseoir. L'in-
fortunée Émilie n'osait lever les yeux,
elle craignait de rencontrer les miens, sa
confusion était extrême. « Vous me ren-
« dez justice, madame, dis-je à madame
« d'Orville, si vous pensez que je compa-
« tis à vos peines. Je m'en occupais lors-
« que vous êtes entrées.... Oui, vos mal-

« heurs sont grands, mais il n'est pas en
« mon pouvoir d'en arrêter le cours, et
« je ne puis vous offrir que des secours
« et des consolations. — Ah! vous pou-
« vez peut-être davantage.... Après-de-
« main est le jour fatal..... J'ai vai-
« nement tout employé pour sauver Me-
« ry ; j'ai vainement sacrifié pour y
« parvenir une partie des débris de ma
« fortune.... Des intrigans, pour achever
« de me dépouiller, m'ont donné de trom-
« peuses espérances.... Pour dernière res-
« source j'ai été avec ma fille me jeter
« aux pieds du gouverneur.... J'ai vaine-
« ment imploré sa clémence, réclamé
« le droit qu'il a de faire grâce; j'ai vai-
« nement demandé que le bannissement
« fût substitué à l'échafaud : nos prières,
« nos larmes, notre désespoir, ont été sans
« effet. Sa signature a été compromise;
« cet attentat, nous a-t-il dit, est de na-

« ture à mettre par l'impunité la colonie
« en danger ; un exemple effrayant est
« nécessaire. Il est resté inexorable.... Ah !
« monsieur, vous pouvez tout sur lui ;
« vos qualités et vos vertus vous ont ac-
« quis de justes titres à son amitié et à
« son estime ; daignez le voir, lui parler
« en notre faveur ; et si, comme je l'es-
« père, vous parvenez à le fléchir, vous
« nous aurez au moins sauvé le déshon-
« neur. — Ah ! madame, c'est le crime
« qui déshonore, et non le châtiment.
« — Je le sais, monsieur, mais l'opi-
« nion.... Épargnez-nous de justes re-
« proches.... Ah ! si votre oncle vivait
« encore, il ferait plus que de nous en
« accabler. »

Frappé de cette réflexion, vivement
ému du spectacle déchirant que j'avais
sous les yeux : « Eh bien, madame, m'é-
« criai-je, je tenterai dans cette circons-

« tance désespérée tout ce que mon on-
« cle aurait pu faire.... Je vais trouver le
« gouverneur. »

Je vole au Fort-Royal. « Jamais, mon-
« sieur, dis-je au gouverneur en l'abor-
« dant, jamais je n'ai éprouvé plus d'em-
« barras que dans la démarche que je
« hasarde. Je viens vous implorer pour
« une famille malheureuse, et je vous
« avoue que, cédant à sa prière, ce n'est
« qu'en tremblant que je me présente. —
« J'irai, monsieur le marquis, me répon-
« dit-il, au-devant de vos sollicitations.
« Je me doute qu'il est question de Mery;
« évitez-moi, je vous prie, de refuser sa
« grâce à l'homme du monde que je suis
« le plus disposé à obliger. — Quoi, mon-
« sieur, ne pourriez-vous au moins lui
« éviter l'échafaud? J'invoque votre clé-
« mence, le droit que vous avez de
« faire grâce et de commuer la peine....
« Eh bien, monsieur, accordez-moi cette

« grâce.... Un exemple de moins, et vous
« épargnez bien des larmes.—Pensez-vous,
« mon ami, qu'il me soit permis d'abu-
« ser ainsi de mon autorité? Puis-je faire
« grâce dans une semblable circonstance
« sans me rendre coupable toutefois que
« je laisserai exécuter d'autres criminels?
« Et si j'avais pu fléchir, aurais-je résisté
« aux prières, aux larmes et au désespoir
« de ces infortunées? La conscience d'un
« homme en place doit être immuable
« comme la loi; elle lui dicte de traiter
« tous ses administrés avec une parfaite
« égalité. Cessez donc de vouloir lui faire
« violence, et d'exiger ce que je me re-
« procherais toute la vie si j'avais la fai-
« blesse de céder.... Mais vous m'étonnez;
« comment pouvez-vous vous intéresser
« en faveur d'un misérable qui a voulu
« vous assassiner, et qui déjà avant avait
« mérité la mort? — Ah! ce n'est pas lui
« qui m'intéresse, c'est sa malheureuse

« épouse. J'ai sans doute beaucoup à m'en
« plaindre, je n'oublie pas qu'elle a fait
« attenter à ma vie; mais pardonnant les
« injures pour ne considérer que son af-
« freuse situation, pour ne voir en elle
« que la fille de mon oncle, et craignant,
« si je mettais moins de chaleur à la ser-
« vir, d'avoir à me reprocher un jour de
« l'avoir abandonnée par ressentiment, je
« crois, en me mettant à la place de cet
« oncle, que le devoir m'oblige à ne rien
« négliger pour la secourir. Ah! mon-
« sieur, vous eûtes des bontés pour cet
« oncle, et s'il eût vécu vous n'auriez pas
« rejeté sa prière. — Détrompez-vous,
« monsieur. Je sens, me dit-il avec émo-
« tion, que je vous accorderais ce que
« très-certainement je refuserais à tout
« autre, car vous venez d'ajouter encore
« à l'admiration que m'inspiraient vos
« vertus; mais, mon ami, je ne pardon-
« nerai pas. La considération dont je jouis

« tient à ma conduite et non à ma per-
« sonne. La véritable puissance réside
« dans l'opinion et non dans les baïon-
« nettes. Je ne deviendrai pas prévarica-
« teur, et vous cesserez de l'exiger.

« Non, je ne ferai pas grâce.... Mais je
« veux faire quelque chose pour vous, et
« le coupable ne périra pas. Je vous con-
« nais, je sais que je puis compter sur
« votre discrétion. Eh bien, il n'est qu'un
« moyen, qu'un seul moyen de le sau-
« ver. Rendez-vous de suite à la prison;
« traitez cette affaire avec le geolier. Il a
« servi monsieur votre oncle, il est arrivé
« avec lui dans la colonie, c'est par sa
« protection qu'il a obtenu sa place, et
« vous trouverez sans doute avec lui des
« facilités. Qu'il disparaisse avec son pri-
« sonnier; que demain soir ils soient l'un
« et l'autre hors de la colonie. C'est de
« l'or qu'il faut, mon ami, c'est de l'or;
« ne l'épargnez pas. Allez, ne perdez pas

« un moment; que mon nom surtout ne
« soit pas prononcé. Gardez-vous d'ins-
« truire les d'Orville de la part que je
« prends à cette évasion, et dites-leur que
« vous m'avez trouvé inflexible. Encore un
« mot. Je n'entends pas que ce misérable
« se fasse accompagner par sa femme,
« il achèverait de la perdre; qu'il la laisse
« au repentir, et qu'il aille seul se faire
« pendre ailleurs. Comme votre intention
« est de la secourir, empêchez-le de ren-
« dre nulle votre bienveillance pour elle.
« Prenez des mesures pour qu'il ne puisse
« la dépouiller un jour; faites en sorte
« qu'il n'ait aucun motif pour l'attirer à
« lui, ou pour désirer de la rejoindre.
« Allez, mon ami, car vous avez beau-
« coup à faire, et il ne vous reste que la
« journée de demain. »

Je serrai la main du gouverneur, je
m'échappai, je revolai chez moi, j'y re-
trouvai les d'Orville en proie aux plus

cruelles agitations. « Eh bien, monsieur,
« me cria la mère de si loin qu'elle m'a-
« perçut, avez-vous fléchi le gouverneur?
« — Non, madame, sur la grâce du cou-
« pable il est resté inexorable; mais j'ai
« encore une ressource sur laquelle je
« compte, et je vais me hâter de l'em-
« ployer. — Quelle est-elle, monsieur,
« s'il vous plaît? — Il faut gagner le geo-
« lier. — Je l'ai vainement tenté; je lui
« ai même fait proposer de fuir avec Mery.
« Sa fortune consiste dans des maisons
« qu'il n'aurait pas le temps de vendre, et
« dont la valeur serait perdue pour lui. Je
« ne puis l'en dédommager, j'ai épuisé mes
« ressources; et la somme qu'il faudrait
« lui compter est trop considérable pour
« qu'après tous les sacrifices que j'ai faits
« je puisse à l'instant me la procurer. —
« Soyez tranquille, madame, l'argent ne
« manquera pas pour lever les obstacles.
« — Ah! monsieur, comment reconnaî-

« tre..... — Je vais trouver le geolier,
« je vais voir Mery, et il est indispensa-
« ble que vous m'accompagniez : venez,
« madame, dis-je à Émilie, venez voir
« votre mari pour la dernière fois. —
« Pour la dernière fois !..... Quoi, mon-
« sieur, ne me sera-t-il donc pas permis de
« le suivre ? — Non, madame, et si vous
« désirez en effet de réparer vos erreurs,
« loin de le demander, vous devez éviter
« d'accompagner un homme qui vous
« conduirait avant peu à une perte cer-
« taine. — Hélas! monsieur, me dit la
« mère, comment rester maintenant dans
« la colonie ? — Non, madame, cela n'est
« pas possible. j'ai pris pour vous et
« pour votre fille d'autres mesures; je
« sais ce que je dois à la mémoire de
« mon oncle, et je veux éviter de laisser
« ici exposées à la rigueur d'une juste
« censure deux femmes avec lesquelles
« il était lié d'une manière aussi intime :

« Voici mes projets sur vous. Vous passe-
« rez avec moi en France, vous vous en-
« gagerez à y vivre dans un couvent. Votre
« fille y puisera des principes qui pour-
« ront corriger l'éducation vicieuse que
« vous lui avez donnée, qui pourront vous
« conduire l'une et l'autre à reconnaître
« vos erreurs, et à rentrer dans le sentier
« de la vertu. Je me charge de pourvoir à
« vos besoins, d'arranger ici vos affaires,
« et de sauver tout ce qui sera possible
« de votre fortune. — Quoi, monsieur,
« s'écria, madame d'Orville, il faudra
« vivre solitaire entre les murs d'un cloître!
« Comment, à mon âge, il faudra devenir
« pensionnaire dans un couvent! Je n'y
« puis consentir, il nous reste encore
« quelques ressources. — Alors, madame,
« il est inutile que je m'épuise en sacri-
« fices pour sauver un criminel auquel
« je ne prends aucun intérêt : il subira son
« sort. — Ah! monsieur, s'écria madame

« Mery, je me soumets, ainsi que ma mère,
« à tout ce que vous exigez. Je vous
« prouverai par ma docilité à suivre vos
« conseils la sincérité de mon repentir.
« Combien j'ai de torts envers vous ! Vo-
« tre bienveillance m'accable, m'humilie
« et me fait éprouver le châtiment le plus
« sévère; votre générosité, quand nous en
« sommes si peu dignes, m'étonne, me
« touche, me rappelle à la vertu ; et je
« ne me console du passé que par l'espoir
« qu'un jour je pourrai me rendre digne
« encore de votre estime. »

Mon ami, cette jeune personne n'était
pas née vicieuse, sa mère est plus coupable qu'elle, et ce sont ses mauvais exem-
ples qui l'ont perdue. Ah ! combien de
jeunes personnes, aujourd'hui couvertes
d'infamie, auraient été l'honneur de leur
sexe, si leurs parens ne les avaient en-
traînées eux-mêmes dans le sentier du
vice.

TOME III.　　　　　　　　12

Pendant ce dialogue j'avais empli mes poches d'or et mon portefeuille de lettres-de-change endossées, acceptées, et payables à Philadelphie. Nous montons en voiture; nous arrivons au Fort-Royal. Je prends en passant mon notaire, et nous nous rendons à la prison. Je tire à part le geolier; je le presse, je l'ébranle, je lève, j'aplanis toutes les difficultés. Je lui fais donner l'évaluation de ses biens, j'en double la valeur, je la lui montre, et je l'assure qu'elle lui sera comptée à l'instant où il s'embarquera. Je le préviens qu'un bâtiment se tiendra à une lieue du port pour le recevoir la nuit suivante, lui, son prisonnier, sa femme et ses enfans. Je lui promets, s'il veut me rejoindre en France, de le dédommager de la place qu'il aura perdue. Il avait été fort attaché à mon oncle, il l'était également aux d'Orville, il avait vu naître Emilie, il aimait l'argent, ses fonctions lui déplaisaient, et il se décida.

Je rejoins ces dames et le notaire — « Il est à nous, m'écriai-je, allons main- « tenant trouver le prisonnier. » Nous descendons à son cachot; sa femme y entre en frémissant, sa mère la suit, et je reste avec le notaire sur le seuil de la porte. Ce malheureux, courbé sous le poids de ses fers, lève la tête avec effroi, croyant sans doute qu'on venait le chercher, et qu'on avait avancé l'instant de son supplice. Il aperçoit sa femme. — « Que venez-vous faire ici, s'écria-t-il « avec fureur; je n'y serais pas sans vous. « C'est votre inconduite qui m'y a ame- « né. » Déchirée par ce reproche et par le spectacle affreux qu'elle avait sous les yeux, elle tombe sans connaissance étendue sur la paille. Sa mère la rappelle au sentiment de ses peines. — « Vous ou- « bliez, lui dis-je, les crimes dont vous « vous êtes rendu coupable; vous oubliez

« que vous étiez ruiné long-temps avant
« qu'elle vous épousât ; vous oubliez que
« votre exemple a achevé de la corrom-
« pre. » Étonné, il tourne la tête, me
reconnaît, et paraît surpris de me voir.
— « Venez-vous insulter à mon mal-
« heur ? Vos reproches sont déplacés,
« votre vue est un supplice que mon juge-
« ment ne m'oblige pas de souffrir. Éloi-
« gnez-vous et laissez-moi subir mon sort.
« — Ah ! malheureux, s'écria doulou-
« reusement sa femme, il vient pour vous
« sauver. — Pour me sauver ! répéta-t-il
« avec transport, pour me sauver ! Dieu !
« serait-il possible » ! et il tomba prosterné à mes pieds. — « Oui, je puis vous
« sauver, et je vous sauverai, si vous
« acquiescez aux conditions que je dois
« vous prescrire. — Ah ! quelles sont-elles?
« — Que vous allez dire un éternel adieu à
« votre épouse, que vous allez signer une
« renonciation formelle à tout ce qui

« peut lui appartenir un jour, et que
« vous la confirmerez à votre arrivée à
« Philadelphie. — Comment! elle ne me
« suivrait pas? — Non, elle a besoin de
« recevoir d'autres leçons que celles que
« vous pourriez lui donner; elle a besoin
« de tenir une conduite autre que celle que
« vous pourriez lui prescrire. Je pour-
« voierai à son existence, et je suis dé-
« cidé à lui conserver les débris de la
« fortune de sa mère. — Comment! me
« séparer de ma femme! Je ne tiens pas
« à elle; mais il faut que je vive. Vous
« prenez vos avantages, vous vous vengez
« de ce que je vous l'ai ravie; elle n'est
« plus ce qu'elle était; n'importe, quel
« sacrifice voulez-vous faire et je vous
« l'abandonne. — Ah! que dites-vous,
« s'écria sa femme avec douleur. Rendez-
« lui plus de justice. Je vous ai trompé,
« et je ne me suis jetée dans vos bras que
« parce qu'il m'a repoussée, qu'il m'a

« méprisée. Je dois ce pénible aveu au
« repentir; je dois cet hommage éclatant
« à son humanité, à ses vertus.

« Votre âme flétrie et dégradée ne peut,
« lui dis-je, supposer que le crime, et si
« j'étais aussi vil que vous l'imaginez, je
« vois que vous n'hésiteriez pas à ajouter
« par cet infâme marché à tous les for-
« faits dont vous vous êtes rendu coupa-
« ble. — Abrégeons ces détails, me dit-
« il avec amertume, ils me fatiguent, et
« puisqu'il n'y a rien à gagner en vous la
« laissant, je l'emmène : je ne partirai
« pas sans elle. — Vous ne l'emmenerez
« pas. — Qui m'en empêchera ? — L'é-
« chafaud. Adieu, préparez-vous à y
« monter : on ne tardera pas à vous y
« conduire. »

Je me retirais; il me rappela. « Je
« souscris à tout, me dit-il, mais il fau-
« dra donc que je mendie. — Non, lui
« répondis-je, je ne vous réduirai pas à

« mendier, et si vous faites un jour une
« fin malheureuse, ce ne sera certaine-
« ment pas la misère qui vous y aura con-
« traint. Voici ce que je veux bien faire
« pour vous : vous partirez avec le geo-
« lier pour Philadelphie. Mon banquier
« vous y comptera mille piastres chaque
« année, tant que vous ne vous écarterez
« pas de la ville. Vous y changerez de
« nom, on me rendra compte de votre
« conduite, et si elle est satisfaisante, si
« j'apprends que vous soyez revenu de
« vos égaremens, je pourrai peut-être
« alors me déterminer à quelqu'autre sa-
« crifice. J'emporte avec moi le jugement
« qui vous condamne, qui vous désho-
« nore, et je vous préviens que, s'il vous
« arrive de mettre le pied en France, ou
« de prétendre revenir sur la renonciation
« que vous allez faire aux biens de ma-
« dame, je vous livre à la justice, et que
« ce jugement y sera exécuté. Enfin pour

« assurer à votre enfant ce qui reste de
« fortune à madame d'Orville, j'exige
« qu'à l'instant même elle substitue à cet
« enfant tous ses biens. Voici mon no-
« taire, le temps presse, il va dresser ces
« actes, et ou ils seront signés sur-le-
« champ, ou après demain vous aurez
« vécu. »

Il fallut souscrire à ces conditions; les pièces furent dressées, signées; je remis à Mery mille piastres pour ses premiers besoins; je retournai chez moi, où je conduisis ces dames, afin de m'assurer de leur discrétion jusqu'après l'évasion du criminel, qui s'effectua sans le moindre obstacle, et qui fit grand bruit dans la colonie. L'on ne douta pas qu'elle ne fût le résultat des plus grands sacrifices de la part de madame d'Orville, dont j'ai mis les affaires en ordre, et qui se prépare ainsi que sa fille à me suivre en France.

Tout cela, mon ami, me coûte cher ; mais je devais ce sacrifice à la mémoire d'un oncle dont les torts sont expiés, dont je possède la fortune et dont l'intention était que je la partageasse avec sa fille. Ah ! n'aurais-je pas consenti à l'abandonner toute entière pour éviter le malheur d'épouser une telle femme, et ne suis-je pas maintenant trop heureux pour pouvoir être détourné d'une bonne action par les calculs d'un sordide intérêt.

J'ai été considérablement retardé par ces événemens. Mon impatience pour partir est au comble, et je presse vivement mes préparatifs. Tu ne recevras plus de mes lettres. Le navire qui te porte celle-ci est le dernier qui partira avant moi. Dieu ! je vais donc revoir cette chère France, qui ne possède pas, là où je l'ai habitée, une colline, un arbuste, une pierre même que je ne me rappelle avec attendrissement. Sous quinze jours je mets à la voile, et si j'ai le bonheur, d'Arcy, en arrivant à Bordeaux de t'y trouver, rien ne manquera à la satisfaction de ton ami. Au revoir, au revoir.

―――

Deux bâtimens arrivent, et pas de lettres !...... Ah ! d'Arcy, ou vous n'êtes plus, ou Isaure.... Je m'arrête.... de funestes pressentimens m'assiégent. Le vent qui va me conduire me portera-t-il vers le bonheur ou l'infortune ! Je vais mourir d'inquiétude pendant la traversée.

Nota. L'éditeur a cru devoir supprimer encore quelques lettres d'Isaure à Julie, et de Montalban à son ami, parce qu'elles ne contenaient rien qui se liât à la marche des événemens.

LETTRE XXXVII.

Isaure à Julie.

Ton séjour ici, mon amie, m'a procuré quelques consolations, et, malgré la nature des objets dont j'avais à t'entretenir, il a répandu un peu de gaieté dans notre société. Cette gaieté nous a abandonnés depuis que tu nous a quittés, et, malgré tous mes efforts pour la rappeler, la tristesse et l'ennui sont venus s'emparer de moi. Nous nous reverrons, ma Julie, cet hiver à Paris, et ta présence ne tardera pas à les dissiper. On travaille sans relâche à mettre notre hôtel en état de nous recevoir, et on assure qu'il sera prêt dans trois mois. Je sais infiniment de gré à monsieur de Montalban d'avoir eu l'attention de faire cette acquisition dans la rue même que tu habites; et j'ai appris avec une joie inexprimable que nos demeures sont presque en face l'une de l'autre.

Il ne s'est rien passé d'intéressant ici depuis ton départ. Tu connais notre manière de vivre uniforme et tranquille, et tu imagines bien que je ne dois rien avoir de nouveau à t'apprendre. Je suis mariée; et les romans et les comédies finissent toujours par un mariage, parce qu'après il n'y a plus rien à dire.

Je remarque seulement que monsieur de Montalban devient de plus en plus sérieux et préoccupé, et cela en proportion de ce qu'il me voit triste ou rêveuse; aussi fais-je tout ce que je peux pour ne le pas paroître : mais je n'y réussis pas toujours ; car s'il arrive que quelqu'un, même sans t'excepter, jette un peu d'enjouement dans la conversation, et que je paraisse la partager, il prend aussitôt un air soucieux, surtout quand ce sont les saillies d'un cavalier qui m'arrachent un sourire; et l'innocente gaieté d'Ursule n'est même pas à l'abri de ses reproches. Il semble accorder à son secrétaire Carnero une confiance trop étendue, et qui pourrait blesser toute autre femme que moi. Cet homme est un fourbe dangereux, vicieux, qui se masque sous les dehors de la vertu. Des motifs particuliers que je ne puis déclarer, tout offensans qu'ils sont pour moi, parce qu'ils ne sont encore fondés que sur des soupçons, me font vivement désirer son renvoi. Cependant je ne voudrais pas témoigner le désir de voir s'éloigner cet Espagnol, parce qu'il plaît à mon mari; que je veux éviter de provoquer un sacrifice qui lui serait pénible; et faut-il te l'avouer, parce que je craindrais d'essuyer un refus. Je pense qu'en toutes circonstances une femme prudente ne doit demander que ce qu'elle est assurée d'obtenir, et qu'elle doit éviter d'accoutumer un mari à refuser.

Ils se promènent souvent ensemble ; leurs conversations sont mystérieuses ; et lorsqu'il arrive, ainsi que je te l'ai observé quand tu étais ici, que je les rencontre dans les jardins, ils gardent le silence à mon approche, et paraissent gênés et contrariés de me voir. Tu m'as engagée à me défier de ce Carnero ; mais qu'ai je à en craindre, et que puis-je faire quand j'ignore de quel danger je dois me garantir ? Je remarque encore que monsieur de Montalban est toujours plus rêveur et plus sombre lorsqu'il le quitte, et je t'avoue que l'air sinistre et faux de ce confident m'alarme et me tourmente beaucoup. L'intendant et le majordome sont les seuls Espagnols, avec son secrétaire, que mon mari ait gardés. Le premier est un parfait honnête homme que j'aime assez ; le second un bon domestique qui pourra bien épouser Ursule. Mon mari m'a plusieurs fois offert de remplacer, si cela m'était agréable, les deux premiers, par des Français; mais il ne m'a jamais fait la même proposition pour le secrétaire.

Il me semble aussi que monsieur de Montalban a repris généralement depuis quelque temps cet extérieur de dignité et de réserve qu'il avait quand je l'ai connu d'abord, et dont il paraissait s'être défait pour me plaire. Mais j'ai eu tort de me flatter qu'un homme de cet âge pût ainsi changer de caractère. Je dois d'autant moins lui en vouloir, que je devais m'y attendre, que je me persuade que son amour pour moi est toujours le même; et que la seule différence qui existe aujourd'hui sur ce point, c'est que le titre d'époux l'a ramené au caractère que le rôle d'amant lui avait fait momentanément dissimuler.

Je me rappelle, Julie, de t'avoir entendu dire quelque chose sur le compte des amans ou des époux, qui, pour être plaisant, pourrait n'en être pas moins vrai. Tu prétendais que les amans, des deux sexes, étaient plus ou moins en scène lorsqu'ils se recherchaient ; qu'il fallait s'attacher à bien distinguer ce qui leur appartient essentiellement, de ce qui appartient à leurs rôles ; et qu'ainsi il n'est pas surprenant qu'en descendant de l'autel on se trouve de part et d'autre, comme époux, avec des individus bien différens de ceux qui avaient captivé comme amans. Tu te souviens que c'était assez l'opinion de ma bonne mère ; si cela est, il faut convenir, mon amie, qu'il y a bien des époux attrapés ; et qu'on est plus ou moins exposé à l'être, suivant que l'acteur a plus ou moins de talent. Ce qu'il y a de certain, et tu le sais, c'est que monsieur de Montalban n'a pas été trompé en m'épousant, et qu'il m'a vue depuis le mariage ce que j'étais avant, ce que je serai toujours ; peut-être ne pourrait-il pas.....; mais je me laisse entraîner par ma plume...... Crois, Julie, que je suis bien éloignée de me plaindre, et que je suis même aussi heureuse qu'il m'est possible de l'être. Au surplus, j'ai cru remarquer que le genre de société que nous avons ici influe beaucoup sur le caractère de monsieur de Montalban ; que l'extrême enjouement, le brillant, et la galanterie de nos jeunes cavaliers lui donnent de l'humeur, et qu'il est plus ou moins sérieux, suivant que les individus qui nous entourent, sont plus ou moins aimables, suivant enfin qu'ils lui plaisent ou lui déplaisent davantage.

Mon père nous a quittés le surlendemain de ton départ. Il est assez bien portant ; il jouit maintenant de quelque tranquillité, et se trouverait, m'a-t-il dit souvent, parfaitement heureux, s'il pouvait se persuader que je suis parfaitement heureuse. Je ne néglige rien pour l'en convaincre, parce que l'idée que je me suis sacrifiée pour lui met obstacle à la satisfaction dont il pourrait jouir. Mon mari a tant d'égards, tant d'attentions pour lui, que s'il était possible qu'il eût quelques torts envers moi, la reconnaissance que m'inspirent ses procédés généreux les effacerait tous.

Tu nous avais à peine quittés que madame de Merton, veuve de l'officier général de ce nom, et parente de mon mari, vint, accompagnée de son frère le chevalier de Saunois, capitaine de vaisseau, et qui est extrêmement aimable, augmenter la brillante société que tu as laissée chez nous. Cette femme a des prétentions au bel esprit. Elle se croit un prodige, quand elle n'est que ridicule; et elle s'attend, en ouvrant la bouche, à exciter l'admiration, lorsqu'elle n'inspire que la pitié. Je te laisse penser combien une telle femme doit être fatigante, et combien surtout elle doit déplaire à monsieur de Montalban, qui ne déteste rien autant, dans les femmes, que les prétentions de ce genre.

Toute la société, jusqu'à son propre frère, est liguée contre elle. Déclame-t-elle une sentence d'un ton d'oracle, produit-elle un trait, une pointe préparée à l'avance et d'un air satisfait qui semble dire : « *Applaudissez-moi* », nous nous regardons avec étonnement, et nous avons l'air de n'y rien comprendre. Improvise-t-elle quelques vers dont elle a chargé sa mémoire en se levant, nous les saluons comme des gens de connaissance, ou nous affectons de les prendre pour de la prose. Nous parle-t-elle littérature, nous lui répondons jardinage; philosophie, nous lui répondons modes. Elle hausse les épaules, nous regarde avec dédain ; mais nous lui coupons tellement les vivres, dit le chevalier de Saunois, qu'elle ne peut tarder, faute d'alimens, à se sauver d'ici de peur de mourir d'inanition, et à aller chercher dans la capitale et au milieu de ses complaisans admirateurs une nourriture plus abondante pour son amour-propre vorace.

Mon mari rit souvent malgré lui des plaisanteries du chevalier. Cependant je n'approuve pas que celui-ci s'amuse et exerce son esprit aux dépens d'une sœur dont il devrait au contraire chercher à couvrir les faiblesses; mais c'est assez l'ordinaire des personnes qui ont de l'originalité et du mordant, de ne ménager personne, et de donner cours à tout prix à leurs sarcasmes.

Quant à moi, j'ai été de toute la maison celle qui pendant quelques jours a le moins déplu à madame de Merton, et cela parce que j'ai eu l'honnêteté de paraître l'admirer une fois ou deux, parce que je ne suis pas du tout disposée à rire, et que, comme maîtresse de maison, elle avait droit à quelques ménagemens de ma part. Aussi l'ai-je eue long-temps sur les bras, et je n'ai pu me débarrasser du fardeau, et le rejeter sur la société en masse comme une charge commune, qu'en lui prouvant trois ou quatre fois, en évitant cependant de l'humilier, que ses citations étaient fausses, ses vers pillés, son esprit d'emprunt; et cette manœuvre a eu un tel succès, que lorsqu'à mon tour je lui parle littérature, elle me répond spectacle, et qu'elle fuit maintenant ma conversation.

J'oublie de te dire, ma bonne amie, qu'elle se pique par dessus tout d'être extrêmement sentimentale, et qu'elle ne peut parler de la mort de Socrate sans avoir la larme à l'œil. Ennuyé de cela, M. de Montalban lui dit une fois : « Je plains bien sincèrement, ma-
« dame, les femmes trop sensibles; car
« rien assurément ne leur gâte autant le

« teint. » Madame de Merton, alarmée, se leva avec précipitation, et courut s'examiner à la glace. Nous ne pûmes nous empêcher de partir d'un éclat de rire; mais cette plaisanterie a eu quelque effet, puisqu'elle a contribué à la rendre un peu moins ridicule.

Je m'amuserais de cette femme, Julie, si je pouvais m'amuser de quelque chose. J'avoue qu'elle me distrait malgré moi de mes rêveries, et que je ne suis pas fâchée d'échapper ainsi à mon cœur. Je ressemble un peu à l'écolier qui, ayant endormi son maître, jette son devoir et se met à jouer au risque de tout ce qui peut en arriver à l'instant du réveil.

Le chevalier de Saunois nous dédommage par son enjouement et son esprit des travers de sa sœur, et je me livrerais davantage à la gaieté qu'il inspire si je ne m'apercevais que mon mari en conçoit de l'ombrage. Il prend alors un air sérieux qui met en fuite le plaisir ; la conversation languit et tombe, et souvent un morne silence succède.

Madame de Merton vient de nous annoncer que des *affaires importantes* l'appelaient à Paris, mais que pour faire sa paix avec nous elle nous laissait son frère. J'ai cru remarquer par la réponse que lui fit M. de Montalban qu'il aurait bien autant aimé que le frère ait suivi la sœur. Il me demanda hier soir, et en me considérant avec attention, si j'étais aise que le chevalier dût passer encore quelque temps avec nous. Je lui répondis que je me ferais toujours un devoir d'accueillir ses amis, mais qu'il me semblait que le chevalier était d'un caractère trop léger, trop étourdi, trop enjoué pour que sa société pût lui plaire. Il ne répondit rien, parut rêveur, et me laissa.

Je ne sais, mon amie, pourquoi j'entre ici dans tous ces détails, si ce n'est pour le seul plaisir que je trouve à te dire quelque chose.

Le temps qui reste encore à s'écouler jusqu'à notre réunion, jusqu'à l'époque heureuse où je pourrai te voir tous les jours, va me paraître bien long. Abrège-le par ta correspondance, et n'oublie pas qu'elle seule peut rendre ton éloignement supportable. Adieu.

LETTRE XXXVIII.

Montalban à Segarva.

Vous vous plaignez, Segarva, que je vous écris rarement, mais vous me rendez en même temps la justice de convenir que vous ne craignez pas que mon amitié ait éprouvé la moindre altération. Au vrai, que pourrais-je maintenant vous dire que vous ne sachiez déjà? Ma situation à la campagne n'offre rien de piquant qui puisse vous intéresser; et quant à moi et aux sentimens que j'éprouve, je n'en ai pas davantage à vous apprendre.

Ce n'est plus le temps où, comme amant d'Isaure, sollicitant sa main, et la conduisant à l'autel, d'abord impatient, inquiet, craignant de ne pas l'obtenir, ensuite ivre de joie après l'avoir obtenue, j'étais en proie aux plus violentes agitations de l'âme, et où, éprouvant le besoin de soulager mon cœur, et ayant continuellement la plume à la main, nouveau Céladon, j'importunais mon ami. Ce temps d'extravagance est heureusement passé. Je puis maintenant réfléchir avec calme à mon bonheur, et en mesurer de sang-froid toute l'étendue. C'est vous dire en peu de mots que je suis toujours heureux, mais que la félicité dont je jouis n'est ni de nature à avoir besoin de s'épancher, ni digne de figurer dans un roman, et encore moins dans une correspondance telle que la nôtre. Je crois madame de Montalban tout ce qu'une épouse estimable doit être, je crois remplir de mon côté avec attention tous les devoirs d'un bon mari, et je ne suis ni assez jeune ni assez âgé pour être classé parmi les maris qui délirent ou parmi ceux qui radotent.

Vous sourirez sans doute en comparant cette lettre avec celles que je vous écrivais il y a quelque temps, cependant pourquoi rougirais-je de celle-là ? Ne croyez pas avoir eu même raison de vous en amuser alors. Peut-être un jour en écrirez-vous de semblables ; mais un pareil délire ne peut se soutenir, sa violence lui pose des bornes ; c'est le résultat d'une fièvre ardente qui a ses périodes, son invasion, son accroissement et son déclin. Il n'est point d'homme capable d'écrire long-temps de cette manière, et, si cet être pouvait exister, loin d'envier son sort, je me croirais très-malheureux d'être à sa place. Je vous entends me répondre qu'aujourd'hui je ressemble à tous ceux dont les désirs sont satisfaits, chez qui les excès les ont éteints, ou à qui la nature les a refusés. L'amour-propre, me direz-vous, vient alors à leur secours ; et c'est lorsqu'on se croit moins heureux que cet amour-propre cherche souvent à nous persuader que nous sommes plus sages.

Depuis notre séjour ici nous avons eu beaucoup de société ; mais quoique je la supporte à cause de ma femme, cette foule de gens désœuvrés m'est à charge ; et si je ne craignais qu'Isaure ne s'ennuyât à la campagne, il y a long-temps que je les aurais écartés. Aussi-bien la légèreté, la fatuité, et la fade galanterie de mes jeunes compatriotes, avec lesquels j'avais commencé à me réconcilier, me causent plus de dégoût que jamais. Nous avons entr'autres ici un chevalier de Saunois, dont l'inconséquence, l'étourderie, et le jargon, malgré tout son esprit, me donnent souvent de l'humeur. Il est arrivé chez moi avec une sœur bien ridicule, qui vient de partir, qui nous l'a laissé, et j'aurais bien autant aimé qu'il la reconduisit chez elle ; mais il paraît amuser madame de Montalban ; et si je n'avais fait tout ce qu'il convenait pour le retenir, on aurait pu croire que j'étais jaloux ; tandis que je suis bien éloigné de l'être. Enfin, puisque j'ai une femme, Segarva, je dois voir la société pour elle ; mais si elle pensait comme moi, elle aurait bientôt rompu avec un monde aussi frivole.

La conversation de monsieur d'Aubignie, lorsqu'il est ici, me dédommage un peu des dégoûts que cette société m'inspire; mais il est plus souvent chez lui, et alors sans don Carnero, mon secrétaire, je ne saurais avec qui m'entretenir d'une manière raisonnable. Vous savez qu'il appartient à une famille noble, mais malheureuse ; qu'il a été élevé par la mienne, qu'il lui est fort attaché, et je vous assure que, malgré les préventions que vous avez toujours eues contre lui, il est pourvu d'un mérite réel ; il est sensible, recon-

naissant, austère dans ses principes, très-
délicat sur l'honneur, il m'est entièrement dévoué; et telle est sa pénétration,
et la justesse de son discernement, que
j'ai souvent été surpris de voir combien
notre manière de penser se rapproche,
combien nos idées sympathisent, et particulièrement sur les objets qui m'intéres-
sent le plus, et qui touchent de plus près
à mon bonheur. Je crois m'apercevoir
qu'il n'a pas le talent de plaire à madame
de Montalban, à qui j'ai eu la complaisance de sacrifier tous les Espagnols qui
étaient à mon service; mais un simple caprice ne m'entraînera pas à éloigner un
homme qui m'est aussi nécessaire. Je dois
poser des bornes à une condescendance
qui dégénérerait en faiblesse; la gravité,
l'austérité de don Carnero peuvent effa-
roucher une jeune Française, cependant
elle doit quelque chose aux goûts de son
mari; et je ne doute pas qu'avec la prudence et la raison que je lui connais

elle ne finisse par s'accoutumer à lui et même par lui accorder son estime.

Quant à elle, son bonheur m'occupe tellement, que le désir que j'ai qu'il n'éprouve aucune altération me fait craindre continuellement que cela n'arrive. J'épie avec soin ses paroles, ses gestes et ses regards, uniquement pour me tranquilliser contre cette crainte ; je voudrais, pour assurer son repos, pouvoir pénétrer jusqu'à ses moindres pensées, et je tremble en même temps qu'elle ne donne à ma vive sollicitude, pour la voir heureuse, une interprétation qui pourrait lui paraître offensante, lorsqu'elle ne devrait au contraire exciter que sa reconnaissance, si elle était justement appréciée. Ah ! que ne donnerais-je pas, mon ami, pour qu'elle pût lire dans mon cœur tout l'intérêt que je lui porte, pour qu'elle pût connaître mes véritables sentimens et le motif qui dirige ma conduite !

Je m'aperçois souvent qu'elle est triste et rêveuse, ce qui me donne beaucoup à penser. Qui peut la rendre ainsi, lorsque je ne m'occupe qu'à prévenir ses moindres désirs ? J'en cherche en vain la cause, et c'est parce que je ne puis la deviner que je suis autorisé à croire qu'Isaure a quelque secrète pensée dont elle ne me rend pas dépositaire. Hésiterait-elle à me faire cette confidence, si elle était de nature à pouvoir être reçue par un mari ! Son cœur est pur, j'en suis bien convaincu, cependant ne pourrait-il pas éprouver quelque secrète agitation, sans qu'elle eût pour cela des reproches à se faire ? Je n'ai pourtant pas ouï dire qu'aucun homme avant moi ait recherché sa main, ni que j'en aie fait écarter aucun en me présentant pour l'obtenir. Qui peut donc l'agiter ainsi ? Je m'y perds !

En cherchant, quoique sans succès, à

pénétrer ce mystère, j'ai remarqué, Segarva, entre elle et une de ses amies qui est venue en dernier lieu passer ici quelque temps, un air d'intelligence qui m'a donné de l'inquiétude et qui semblait indiquer de part ou d'autre des confidences dont je n'ai pu découvrir l'objet. J'ignore si elles s'occupaient de moi, mais plus d'une fois mon arrivée subite, lorsque je n'étais pas attendu, a paru gêner ou interrompre leurs conférences mystérieuses. Je sais encore qu'elles emploient pour leur correspondance une voie autre que celle qui est généralement usitée chez moi. Une boîte fermant à clef reçoit sans exception toutes les lettres du château. Mon secrétaire est chargé de l'ouvrir tous les jours à une heure convenue pour les remettre au messager, qui vient les prendre afin de les porter à la poste voisine. Eh bien ! jamais madame de Montalban ne fait mettre ses lettres dans cette boîte. Une femme-de-chambre bien étourdie, bien coquette, qui a été élevée avec elle, et à qui elle me paraît accorder beaucoup trop de confiance, les remet elle-même à ce messager. Pourquoi tant de précautions s'il n'est question entre ma femme et son amie que de ces lieux communs que peuvent s'écrire deux jeunes personnes, et comment se fait-il que jamais je n'aie vu le moindre fragment de ces lettres, qui doivent cependant être de nature à pouvoir, pour ainsi dire, être lues de tout le monde ? Je respecte cette correspondance insignifiante, et qui ne peut contenir que les petits secrets d'un âge qui fait des secrets de tout ; mais ma femme n'est plus un enfant, et le temps des enfantillages doit être maintenant passé pour elle. Je regrette aujourd'hui la faiblesse que j'ai eue de chercher à la rapprocher, à Paris, de cette amie, en faisant acheter un hôtel dans la rue même qu'elle habite.

J'avoue cependant que je n'ai rien trouvé à blâmer ou à reprendre dans cette amie d'Isaure, et qu'elle paraît irréprochable sous tous les rapports. Mais si elle a pu lui convenir jusqu'à présent, il me semble qu'il n'en est pas de même aujourd'hui qu'elle est mariée ; qu'il lui faut maintenant des amies d'une autre trempe, des amies d'un caractère mûr, et qui ne partagent pas des secrets puérils et une correspondance clandestine, qui plus tard pourrait avoir un but plus dangereux. On assure que cette amie est à la veille de s'établir. Tant mieux : je verrai si le mari est un homme raisonnable, dont la manière de voir sur cet article cadre avec la mienne ; et s'il peut parvenir à rendre sa femme ce qu'elle doit être, elle sera digne alors de rester l'amie de madame de Montalban. Jusquelà je dois garantir celle-ci des impressions qui, en troublant sa tranquillité, pourraient à la longue nuire à sa santé et à son repos.

J'ai encore remarqué que ma femme ne reprend quelque enjouement que lorsqu'un cavalier bien étourdi, bien sémillant, bien extravagant, tel par exemple que ce chevalier de Saunois, s'occupe à la distraire par des niaiseries, et que, loin d'être excédée comme moi de son fatigant bavardage, elle paraît au contraire s'en amuser beaucoup. J'ai même besoin alors de comprimer un peu l'essor de sa gaieté, pour éviter que ce jeune étourdi ne se persuade qu'il lui inspire plus d'intérêt qu'il ne mérite ; et si elle était en état d'apprécier le motif qui me guide, elle me saurait gré sans doute de chercher à prévenir, dans un homme aussi présomptueux, une erreur dont le résultat ne manquerait pas à coup sûr de lui causer plus tard beaucoup de peine.

Je connais madame de Montalban, je sais combien la reconnaissance a de droits sur son cœur, et tout ce que doit en attendre un mari qui lui est aussi sincèrement attaché. Mais ce sentiment m'humilie, et je souffre quand je réfléchis qu'elle doit s'apercevoir tous les jours combien nos âges, nos goûts et nos caractères diffèrent. Lorsque je me rappelle, Segarva, que je pourrais être son père, que nos goûts et nos caractères sont en effet loin de sympathiser, je crains qu'elle ne soit pas aussi heureuse qu'elle le mérite, et cette crainte est telle, que, lorsque je la vois sourire à toutes les sottises que lui débite le chevalier de Saunois, je voudrais, je crois, malgré ses ridicules, être Saunois pour lui plaire davantage. Enfin je sens, mon ami, que je ne suis pas celui que l'auteur d'un roman donnerait à son héroïne; et quoique les femmes aient dans le caractère une souplesse qui permet au devoir de diriger jusqu'à un certain point leurs affections, le devoir est un guide si froid que je voudrais ne lui avoir aucune obligation, et qu'il n'entrât pour rien dans les sentimens qui dirigent madame de Montalban à mon égard.

En vérité, Segarva, le rôle que je suis contraint de jouer entre ma femme et ses admirateurs est extrêmement pénible et fatigant; mais rien ne me coûte pour lui être utile et pour assurer son repos. N'allez pas cependant imaginer que je sois susceptible d'aucun mouvement de jalousie.... Oh! non, je ne suis pas jaloux. Quelle est donc cette perfide coutume d'attacher un titre ridicule à tout homme qui, ayant à cœur le bonheur et la tranquillité de son épouse, se gardera de la livrer inconsidérément à tous les piéges de la séduction? Quoi! il faudra, pour éviter cette odieuse qualification, abandonner ce qu'on a de plus cher à tous les dangers qui menacent un sexe timide et sans défense? Il faudra, par la seule crainte de contrarier un peu une jeune femme sans expérience, rester paisible spectateur de toutes les épreuves auxquelles le premier fat voudra l'exposer, et des tentatives indécentes qu'il osera se permettre contre elle? Oh! non, non; et dussé-je quitter pour la vie le sol français, je n'aurai jamais cette lâche et méprisable complaisance. Je connais la vertu d'Isaure, je suis pleinement rassuré sur ce point; mais elle est jeune, modeste et sensible, et en devenant son mari je me suis imposé le devoir d'être tout à la fois son protecteur et son guide. Je serais indigne d'elle si je ne m'en acquittais avec zèle, si je ne veillais autour d'elle pour en écarter avec soin tout ce qui pourrait blesser sa délicatesse et ses principes; et c'est parce que je suis sûr de son cœur que je serais inexcusable de l'abandonner aux attaques indécentes de tous les séducteurs téméraires qui chercheraient à en troubler la paix.

Son respectable père, avec qui je me suis souvent entretenu de ces dangers et des moyens de les prévenir, partage mes sentimens à cet égard. Son opinion me rassure et me convainc que je ne fais que ce que je dois faire. Il pense enfin qu'en épousant sa fille j'ai réuni en moi les droits d'un père à ceux d'un époux, et que je dois le remplacer auprès d'elle. J'ai son approbation, celle de ma conscience, et cela me suffit. Je regrette infiniment que cet homme estimable n'ait pas voulu habiter avec nous, et qu'il ne soit pas plus souvent ici. Sa présence me donnerait un appui dont je sens la nécessité. Mais M. d'Aubignie a besoin de beaucoup de tranquillité, et je me garderai bien de troubler celle dont il jouit en lui laissant entrevoir mes inquiétudes. Les efforts qu'il a faits pendant long-temps pour tenir tête à l'orage et combattre le malheur l'ont totalement épuisé; ses facultés morales se sont relâchées en proportion de ce qu'elles avaient été tendues, et maintenant, étranger aux émotions violentes qui l'ont si vivement agité, le bonheur de sa fille est l'unique objet qui l'intéresse et qui paraît l'occuper maintenant.

Je ne suis entré, Segarva, dans ces détails, peut-être minutieux, que parce que, vous ayant informé de toutes les circonstances qui ont précédé mon mariage, je suis bien aise de prévenir vos conjectures hasardées et vos plaisanteries déplacées sur la conduite que je me crois obligé de tenir avec ma femme. Vous serez au moins convaincu qu'elles seraient bien inutiles, et je vous prie en conséquence de me les épargner. Adieu.

LETTRE XXXIX.

Le chevalier d'Arcy à Alphonse.

Gardez-vous, Alphonse, en arrivant en France d'aller chez M. d'Aubignie, vous n'y trouveriez pas Isaure.... Je n'ai pas voulu vous affliger plus tôt, j'ai craint votre désespoir. Il faut que votre ami vous porte un coup terrible ;.... il le faut pour éviter pis.... Soyez courageux et résigné; ne démentez pas votre caractère.... Venez me trouver en débarquant... Venez... Rassurez-vous; elle vit, elle est bien, elle est heureuse.... Ne devinez-vous pas?.... Dois-je l'écrire?..... Eh bien, Isaure est mariée..... Malheureux Alphonse! Venez chercher dans mes bras les consolations de l'amitié. Je prends des mesures pour que cette lettre vous soit remise au moment où vous débarquerez à Bordeaux... Je vous attends.

———

LETTRE XL.

Alphonse au chevalier.

Isaure est mariée!.... Ai-je bien lu?.... Elle est mariée! Et en lisant ces mots je n'ai pas cessé de vivre!.... Ah! je ne survivrai pas à son infidélité.... Oh! non, non, je ne le puis.... Ma tête se perd.... Une affreuse révolution s'opère en moi.... Que faire? que devenir? Ne m'attendez pas, d'Arcy,... je vais ailleurs;... je vais... Sais-je ce que je dis?.... sais-je ce que je veux faire?.... Isaure mariée!..... Ah! Dieu!

LETTRE XLI.

Isaure à Julie.

M. DE MONTALBAN, Julie, vient de me faire de la peine, et c'est ce Carnero qui en est la cause. Malgré l'extrême délicatesse que cet hypocrite affecte d'avoir pour les mœurs, il a osé, malgré l'intérêt qu'il sait que je prends à Ursule, chercher à la séduire; et ses poursuites indécentes ont été tellement vives, qu'elle a été réduite à s'en plaindre et à réclamer ma protection. J'instruisis de suite mon mari d'une circonstance aussi insultante pour moi que pour lui; et je ne doutais pas, d'après la sévérité de ses principes, que justement indigné contre Carnero, et désabusé sur son compte, il ne lui donnât de suite son congé.

Il m'en coûte de t'avouer qu'après m'avoir considérée avec étonnement, paraissant douter de la vérité de cette accusation, il me répondit froidement qu'il examinerait cette affaire; qu'il craignait que je n'eusse été trompée par Ursule; qu'il la soupçonnait d'avoir cherché à étendre sa réputation de sagesse aux dépens d'un homme qui lui était attaché, qui avait sa confiance, qu'on n'aimait pas, que l'on cherchait à écarter; et qu'il ne le sacrifierait pas inconsidérément aux propos d'une femme de chambre aussi coquette qu'étourdie.

Il fit part cependant de mes plaintes à ce fourbe, qui a trouvé le moyen de se mettre si bien dans son esprit, qu'il lui persuada qu'Ursule n'était en effet qu'une coquette, et que, d'accord avec moi peut-être, elle lui avait tendu des piéges, lui avait fait des avances, et qu'il était si peu vrai qu'elle l'intéressât, qu'il le priait instamment de m'engager et de me déterminer à m'en défaire le plus tôt possible.

Monsieur de Montalban s'en expliqua le soir dans ce sens avec moi, et parut persuadé que, pour me justifier du soupçon de connivence avec ma femme-de-chambre, je ne pouvais balancer à la renvoyer; et ce ne fut pas sans quelque difficulté que, pénétrée de la plus vive douleur d'un semblable soupçon, et de l'ascendant que Carnero avoit sur l'esprit de mon mari, je parvins, sinon à justifier, au moins à excuser cette pauvre fille, que ce dernier n'était pas fâché d'avoir un prétexte d'éloigner de moi.

Mon amie, je connais mes devoirs, et s'il exige ce sacrifice je ne balancerai pas à le faire; mais il m'en coûtera beaucoup de renvoyer ainsi une orpheline que ma mère a élevée près de moi, qu'elle aimait beaucoup, et qu'elle m'a recommandée en mourant.

Depuis cet événement, il n'est sorte de mauvais services que Carnero ne cherche à lui rendre, et son ressentiment contre elle est tel, que monsieur de Montalban pourrait s'en apercevoir s'il était moins prévenu. Cette persécution n'a cependant servi qu'à favoriser ses amours, puisque, pour ôter tout prétexte à la malveillance du persécuteur, le majordome a déclaré hautement qu'il aimait Ursule, qu'il était payé de retour, et qu'il s'estimerait heureux de pouvoir obtenir sa main. J'ai engagé celle-ci à y consentir, et elle l'épouserait demain si elle ne craignait que ce mariage ne l'éloignât de mon service. Je serais enchantée de la garder ainsi que son mari ; mais monsieur de Montalban n'a jamais voulu avoir des gens mariés chez lui, et il saisira sans doute le prétexte du mariage d'Ursule pour me l'ôter, sans que je puisse m'en plaindre. Carnero d'ailleurs pour se venger d'elle, pour me contrarier et me faire de la peine, ne manquera pas d'affermir mon mari dans cette résolution. Jamais il ne me pardonnera les plaintes que j'ai portées sur son compte ; et déjà, malgré les égards qu'il me doit, il ne peut s'empêcher de me témoigner de l'humeur.

Tout cela, mon amie, me tourmente et me fait beaucoup de peine. Je ne serai pas tranquille tant que j'aurai chez moi cet homme dangereux, qui, après avoir surpris la confiance de mon mari, ose insulter mes femmes, et se venge ensuite de leurs mépris en essayant de me les ôter.

Croiras-tu, Julie, que ce misérable ait osé élever jusqu'à moi ses criminels désirs ; qu'il ait cherché, quoique sans se déclarer ouvertement, à se faire un titre du crédit qu'il a près de mon mari, et des moyens que ce crédit lui donne pour me nuire ou pour me servir, afin de m'épouvanter, et de me rendre docile à ses vues! J'ai repoussé ces insinuations avec le plus profond mépris. Cependant qui sait jusqu'où son audace pourra l'entraîner! qui sait si je serai toujours à l'abri de ses insultes, ou si déjà il n'a pas cherché à me nuire dans l'esprit de monsieur de Montalban pour se venger du mépris avec lequel je l'ai traité! Quand je réfléchis au caractère de mon mari, qu'il m'est impossible de le désabuser, et de lui ouvrir les yeux sur le compte de ce fourbe, quand je me rappelle leurs conférences mystérieuses, et que je songe à la situation où je me trouve, il m'est impossible, Julie, de me rassurer contre mes craintes; une secrète inquiétude s'empare de moi, et je reste en proie aux plus fâcheux pressentimens.

Combien tu vas souffrir, mon amie, en lisant ce qui va suivre!

C'était hier la veille de ma fête, et quoique je tienne peu au cérémonial que l'usage ou l'étiquette a introduit dans cette occasion, je conviens que, lorsque précédemment mes parens et mes amis se la sont rappelée, et m'ont offert alors des preuves de leur attachement, j'y ai toujours été extrêmement sensible, et que dans notre splendeur j'étais moins touchée de l'élégance et de la richesse des offrandes, que des sentimens affectueux qui les accompagnaient.

Aussi lorsque vers quatre heures après midi je remarquai que, parmi tous ceux qui m'entouraient, pas un, sans en excepter Ursule, ne paraissait se souvenir que c'était le lendemain ma fête; trop vivement affectée de cet oubli, j'avoue que j'éprouvai un serrement de cœur, et que quelques larmes s'échappèrent de mes yeux. Ah! mon amie, loin d'accuser mon amour-propre, n'accuse que ma sensibilité ! En effet, lorsque je me rappelai que, jusqu'à l'époque de mon mariage, ce jour avait constamment été pour moi le plus beau de l'année, celui où mon cœur jouissait davantage, que même depuis que le malheur nous avait frappés, et dans notre obscure retraite, tous, jusqu'aux domestiques et au petit berger, s'occupaient, quinze jours à l'avance, des moyens les plus ingénieux et les plus touchans de me témoigner leur amour, et qu'ils arrivaient à la file avec leurs petits complimens et leurs gros bouquets, lorsque je me rappelai surtout que, d'accord avec quelqu'un que je ne veux plus nommer, tu inventas une fois à Belleville la plus jolie fête que l'on puisse imaginer, je ne pus résister au chagrin qui s'empara de moi, et je fus obligée, pour le cacher, de me réfugier dans mon appartement. L'espèce d'abandon dans lequel je me trouvais au milieu de tant de monde, le peu d'intérêt que je paraissais inspirer, le souvenir du passé, le sentiment pénible du présent, l'inquiétude de l'avenir, l'indifférence même d'Ursule, tout concourait à augmenter ma peine. J'étais moins chagrine, moins surprise de l'oubli que commettait mon mari, lorsque je réfléchissais que, malgré qu'il m'aime sans doute beaucoup, il est d'un caractère à regarder comme au-dessous de lui ces intéressantes bagatelles, et que, d'un autre côté, le peu de séjour qu'il a fait en France ne lui a peut-être pas encore permis de connaître nos mœurs et nos usages. Ah ! pensais-je avec amertume si j'étais aujourd'hui près de mon père, s'il n'était lui-même en ce moment à Paris pour ses affaires, où si j'étais encore au milieu de mes bons paysans de Belleville, non, non, je ne serais pas oubliée !

J'avais cependant remarqué autour de

moi une espèce de mouvement mystérieux dont j'étais loin de pouvoir deviner
la cause. Le chevalier de Saunois et Ursule
semblaient surtout fort occupés, et se
faisaient à la dérobée quelques signes qui
m'étonnaient et qui me donnaient à penser ; mais comme le chevalier est fort
gai, fort plaisant, qu'il s'amuse souvent
à faire des niches à Carnero, et qu'Ursule,
sans qu'il y paraisse, le seconde merveil-
leusement et avec la meilleure volonté,
je crus qu'il pouvait être question entre
eux de quelque chose de semblable, et
je cessai d'y faire attention.

Tout à coup les portes s'ouvrent et je
vois paraître les trois plus élégantes, les
trois plus riches corbeilles qui aient jamais été présentées en pareille occasion.
Elles étaient chargées des plus beaux fruits
de l'Amérique dans toute leur maturité,
et étaient couronnées de fleurs artificielles
qui faisaient honte à la nature. On se ré-

cria tout d'une voix sur la magnificence du présent qu'on ne pouvait d'abord attribuer qu'à monsieur de Montalban. J'avoue que je donnai moi-même dans cette erreur ; mais nous fûmes bientôt désabusés en remarquant l'inquiétude qui se peignait sur son visage. Il portait un regard sombre sur le chevalier de Saunois, qui par ses relations dans la marine pouvait avec raison être soupçonné l'auteur d'une galanterie qui offrait les plus rares productions des climats lointains. Enfin celui-ci encore plus émerveillé que les autres, s'en étant vivement défendu, et chacun ayant protesté n'y avoir aucune part, mon mari, incapable de se contraindre plus long-temps, demanda à ses gens d'où venaient, et qui avait apporté ces corbeilles ? Ils lui répondirent qu'elles venaient de chez M. d'Aubignie, et que le jardinier et son fils, qui étaient encore dans le château, les avaient apportées.

Mon père était à Paris, et ce cadeau somptueux, digne d'une souveraine, n'était pas du genre de ceux qu'il aurait faits à sa fille. On fit paraître son jardinier, qui déclara que des inconnus étaient arrivés le matin de la ville avec ces corbeilles, et qu'en se retirant de suite ils avaient seulement annoncé qu'elles étaient destinées à *mademoiselle Isaure d'Aubignie*, pour le jour de sa fête, et que, mon père étant absent, ils s'étaient empressés de les apporter au château.

Ah! mon amie, au nom de *mademoiselle Isaure d'Aubignie*, tandis que tout le monde s'épuisait en vaines conjectures, que M. de Montalban, morne et silencieux, paraissait frappé de stupeur, une idée prompte comme l'éclair vint tout à coup me frapper. La nature du présent, le climat qui l'avait produit, celle à qui, sous le nom de *mademoiselle Isaure d'Aubignie*, il était destiné, tout con-

commit à m'éclairer et à me convaincre d'où venait ce présent......... Une larme s'échappa.... Je sentis que d'autres allaient la suivre, et je me sauvai pour ne pas me trahir..... L'infidèle !..... Ah! est-ce à lui à me rappeler le passé, à rouvrir avec inhumanité une plaie encore saignante; et quand bien même je ne serais pas mariée...... Ne l'est-il pas lui ! et alors un semblable envoi n'est-il pas une insulte !...... Et cependant, Julie, lui seul, à dix-huit cents lieues, a pensé à ma fête !... Lui seul s'est occupé de moi ! Écartons cette idée tout à la fois douloureuse et consolante, elle fait mon tourment, et je me perds dans la diversité des sentimens qui m'agitent. Enfin on resta persuadé que ces corbeilles ne pouvaient venir que du chevalier de Saunois, qui avait cherché à envelopper cette galanterie d'un voile mystérieux ; il eut beau s'en défendre, il en eut les honneurs ; je fus obligée moi-même de la lui attribuer, pour éviter qu'on ne pensât à un autre ; mais en confirmant mon mari dans l'idée que le chevalier en était l'auteur, j'eus la douleur de m'apercevoir que le mystère qui l'accompagnait ajoutait à ses inquiétudes, et qu'il était à peine le maître de se contenir.

Vers six heures, et la soirée étant très-belle, Ursule vint me prévenir qu'on m'attendait pour aller promener. Je fus surprise de ne trouver en descendant que mon mari, Carnero, et quelques dames âgées, qui m'annoncèrent que les cavaliers étaient allés à l'entrée de la forêt qui touche au parc, où l'on avait aperçu un sanglier dont ils voulaient connaître le repaire, et que les jeunes personnes étaient allées au devant d'eux.

Nous prîmes le chemin du parc, qui renferme une magnifique pièce d'eau, que tu as souvent admirée et qui communique à plusieurs canaux qui circulent dans les promenades et autour des jardins. Quel fut mon étonnement en approchant de cet endroit de m'entendre saluer d'une brillante musique, et d'apercevoir au milieu de cette pièce d'eau un charmant bosquet de verdure et de fleurs, qui s'élevait, comme par magie, sur un amphithéâtre de rocailles, couvert de mousse entremêlée de coquillages de mer !

Là siégeait sur une espèce de trône, qui en était revêtu et décoré, le dieu Neptune armé de son trident, et entouré de toute sa cour, représentant des dieux marins, des fleuves, des naïades, des tritons ; et je reconnus de suite dans le dieu des mers le chevalier de Saunois, et dans ceux qui composaient sa cour toutes les personnes de ma société qui s'étaient réunies pour me donner cette fête charmante. L'amphithéâtre était entouré d'un nombre de barques élégamment pavoisées, et manœuvrées par des marins uniformément habillés, et distingués en deux bandes portant des couleurs différentes. Comme le chevalier avait été chargé par la société de diriger cette fête, il avait habilement profité des facilités que lui donne son grade de capitaine de vaisseau pour l'exécuter d'une manière aussi ingénieuse que brillante.

Je me récriai d'étonnement et de plaisir. M. de Montalban et Carnero furent les seuls qui gardèrent le silence. Je crus m'apercevoir que les traits de mon mari s'assombrissaient encore davantage, et qu'il était très-mécontent. On l'avait tellement détourné, ainsi que Carnero depuis plusieurs jours, par des parties de chasse, qu'ils n'avaient pu s'apercevoir des préparatifs qui s'exécutaient principalement la nuit, et tous les gens du château avaient gardé scrupuleusement le secret.

Une barque plus élégamment décorée

que les autres s'avança avec des tritons, qui m'invitèrent, au nom du dieu Neptune, à venir embellir son empire. Je crus pendant un instant que M. de Montalban allait s'y opposer ; je craignais un éclat fâcheux, lorsqu'heureusement d'autres barques, qui suivaient la première, se présentèrent pour l'emmener, ainsi que Carnero et les personnes qui se trouvaient avec moi. Il se contint, s'embarqua de mauvaise grâce, et je fus reçue avec pompe, et au milieu des fanfares, par le dieu des mers et par toute sa cour.

Je passe, mon amie, sur tous les détails de cette fête charmante, pendant laquelle on exécuta un intermède, et l'on chanta de charmans couplets que le chevalier, qui a beaucoup d'esprit, avait faits pour ma fête. A ces couplets succédèrent des joutes et des exercices sur l'eau, exécutés par les deux bandes de marins, qui nous amusèrent infiniment par leur hardiesse et leur dextérité. Les vainqueurs, en passant devant moi, reçurent de mes mains les prix qu'ils avaient remportés. Les tritons vinrent ensuite me présenter les plus beaux poissons, les coquillages les plus recherchés, ce que la mer enfin offre de plus rare et de plus monstrueux. Cette offrande était accompagnée de superbes bouquets, et ils en distribuèrent ensuite à tous les spectateurs, à tous les gens du château, qui vinrent aussitôt à la file me les présenter avec les complimens d'usage; et je fus particulièrement touchée de celui de la bonne Ursule, que j'accusais, deux heures avant, d'un coupable oubli, d'une affligeante indifférence.

Oserai-je te le dire ! monsieur de Montalban fut le seul qui refusa son bouquet, qui ne m'offrit pas de fleurs, et il repoussa même la corbeille, quand on la lui présenta, avec un air dédaigneux qui me fit beaucoup de peine. La nuit s'avançait, nous rentrâmes dans les barques; je croyais que cette fête brillante était terminée, lorsque tout à coup la pièce d'eau, le bosquet, l'amphithéâtre, tout le parc enfin parurent illuminés comme par enchantement. Des danses s'établirent de toutes parts; les musiciens se distribuèrent en plusieurs orchestres; tout le monde, jusqu'aux villageois, prit part à la joie; l'on dansa jusqu'à minuit; Neptune et toute sa cour conservèrent leurs costumes, et le parc ressemblait à une féerie.

Carnero ne se bornant pas à augmenter le mécontentement de monsieur de Montalban par quelques propos qu'il lui glissa à l'oreille, et dont il ne me fut pas difficile d'apercevoir l'effet, osa se permettre à l'égard d'Ursule quelques réflexions très-amères sur l'espèce d'intimité que les apprêts secrets de la fête avaient établie entre elle et le chevalier ; et ces reproches furent tels, qu'ils arrachèrent des larmes à cette pauvre fille. Le chevalier, s'en étant aperçu, donna le mot à ses matelots, et à l'instant où l'on nous ramenait à terre les choses furent disposées de manière à ce que Carnero fut obligé de s'embarquer seul dans le dernier bateau que les marins submergèrent au milieu de la pièce. Comme il ne sait pas nager, il se crut perdu, et ils l'amenèrent plus mort que vif sur le bord, où il fut quelque temps avant de pouvoir reprendre le chemin du château. Il se plaignit amèrement au chevalier de la maladresse de ses matelots; mais celui-ci lui rit au nez, en lui demandant s'il s'était attendu à visiter de pied sec l'empire du dieu des mers. Carnero s'aperçut de suite que l'accident qu'il avait éprouvé n'était pas dû au hasard ; qu'il avait été prémédité; que le chevalier qui avait voulu venger Ursule n'y était pas étranger, et il en fut d'une colère dont je craignis le résultat, quoiqu'elle amusât beaucoup toute la société.

L'on se disposait à rentrer, la faim était pressante, lorsqu'en nous présentant à l'entrée de l'allée couverte qui termine le parc, nous aperçûmes des tables chargées de toutes les rares productions de la mer que l'on venait de m'offrir, et que l'on avait préparées pendant la danse. Pour que le secret fût bien gardé, l'on avait arrangé des fourneaux dans les environs, et tout, jusqu'aux cuisiniers, était venu du dehors. Je ne crois pas, mon amie, qu'on ait encore imaginé une fête plus ingénieuse, plus galante, et j'étais pénétrée de la plus vive reconnaissance, pour l'attachement dont on me donnait des preuves; mais, loin de m'abandonner sans contrainte aux plaisirs que l'on m'offrait, j'étais en proie à la plus vive inquiétude, en observant combien ces plaisirs contrariaient monsieur de Montalban, dont le dépit et l'impatience ne faisaient que s'accroître, par l'espèce d'humiliation qu'il éprouvait d'avoir été le seul qui n'eût pas songé à moi. Son silence et sa mauvaise humeur glacèrent tout le monde, et répandirent beaucoup de froid sur une soirée, qui sans cela aurait été charmante.

S'il avait pu me rester quelques doutes sur les sentimens qu'il éprouvait, ils auraient été bientôt éclaircis, puisqu'il saisit un instant où je ne dansais pas pour s'approcher de moi, et pour me dire avec aigreur :
— « Il paraît, madame, que ces gens-là
« ont cherché à me donner une leçon, un
« exemple de galanterie française, dont ils
« ont apparemment trouvé que j'avais be-
« soin ; et je dois certainement beaucoup de
« reconnaissance au chevalier de Saunois,
« sinon pour son offrande mystérieuse,
« au moins pour avoir bien voulu devenir
« mon précepteur, et pour avoir pris la

« peine de vous faire sa cour à mes dépens. »
Je me sentis tellement mortifiée par ce
propos, que je n'eus pas la force d'y répondre; et il allait sans doute continuer
sur le même ton, lorsque quelqu'un vint
heureusement me prendre pour danser.

Nous rentrâmes enfin au château, et
l'on se réunit un instant au salon avant
de se séparer. Le chevalier essaya vainement, par les saillies originales que lui
suggérait son costume, d'égayer un peu
la compagnie et de dérider M. de Montalban. Loin d'y parvenir, ses efforts pro-
duisirent un effet contraire, et un silence
morne régna bientôt au milieu de nous. On
se souhaitait le bonsoir, chacun allait se retirer, lorsque le chevalier, piqué de l'humeur
déplacée de mon mari, s'avisa malheureusement de lui dire d'un ton un peu amer:
« Je ne sais, monsieur le comte, si en Es-
« pagne on verrait avec plaisir les dieux
« de la fable se réunir comme ici pour

« fêter une des saintes du calendrier; mais
« si celle-ci pouvait aujourd'hui s'en for-
« maliser, j'espère au moins que ni vous
« ni madame ne partageriez sa colère,
« et que vous nous feriez grâce en faveur
« de l'intention. — Vous conviendrez,
« monsieur, lui répondit sèchement mon
« mari, que vous vous y prenez un peu
« tard pour me consulter là-dessus, et
« que, puisque j'étais le seul qui ne fût
« pas dans la confidence de cette fête, il
« est bien inutile en la rappelant de join-
« dre mon nom à celui de madame. Au
« reste, puisque vous désirez connaître
« les usages d'Espagne, je vous dirai qu'on
« n'y fait pas l'affront à ceux chez lesquels
« on se trouve de leur donner des fêtes
« chez eux, d'y mettre la nappe, d'y faire
« venir ses provisions et son cuisinier; et
« que si j'avais été consulté..... — Par-
« bleu, monsieur le comte, s'écria le che-
« valier en éclatant de rire, quoiqu'il fût

« extrêmement mortifié, il me semble au
« contraire qu'on eût en vous consultant
« commis une bien lourde faute. — Et
« pourquoi donc, s'il vous plaît, mon-
« sieur? — Parce qu'en France un mari
« ne faisant qu'une seule et même per-
« sonne avec sa femme, on a dû en cette
« circonstance, pour être en règle et ne
« pas vous séparer, vous laisser ignorer à
« tous deux ce qui se passait, afin de vous
« ménager à l'un et à l'autre le plaisir de
« la surprise. Ainsi, monsieur, puisqu'en
« fêtant une femme on fête aussi son mari,
« et qu'il est d'usage qu'il prenne pour
« lui la moitié des galanteries que l'on
« adresse à son épouse, je suis persuadé
« qu'en y réfléchissant un peu vous trou-
« verez que vous n'avez eu ce soir à vous
« plaindre de personne, et vous convien-
« drez que j'ai raison lorsque vous vous
« rappellerez que vous avez si bien pris
« la moitié de cette fête pour vous, que,

« loin d'avoir voulu vous réunir avec
« nous pour offrir des fleurs à madame,
« vous avez repoussé la corbeille, lorsque
« maladroitement on vous l'a présentée.
« Au surplus, monsieur, j'ajouterai,
« quoique bien inutilement sans doute,
« que je n'ai pas été dans cette fête le
« seul conspirateur, et que j'ai pour com-
« plices toutes les personnes qui ont l'hon-
« neur de se trouver maintenant chez
« vous. » M. de Montalban ne put tenir
plus long-temps contre des plaisanteries
qui n'annonçaient que trop que le chevalier avait deviné le motif secret de son
humeur. Aussi éclatant sans ménagement :
« J'ignore, répliqua-t-il, quels sont les
« rapports sous lesquels on envisage en
« France les époux; mais je sais qu'il y
« existe des usages que je ne me sens pas
« du tout disposé à suivre. J'avoue, mon-
« sieur, qu'ils sont extrêmement com-
« modes; que, sans compter les procédés

« mystérieux, ils favorisent même quel-
« que chose de plus que la simple galante-
« rie; mais aussi c'est pour cela qu'ils ne
« peuvent me convenir, et je ne me se-
« rais pas imaginé qu'on s'avisât de venir
« chez moi pour m'y donner des leçons,
« et pour m'y apprendre à vivre. » Toute
la société, qui avec le chevalier avait contribué à cette fête, prit comme de raison
sa part de cette brusquerie, et en parut
extrêmement offensée ; aussi celui-ci re-
prit-il vivement : « Pardon, monsieur
« le comte, si je vous déclare que ce que
« nous devons à madame m'empêche de
« relever ce que ce reproche a d'injuste
« et de désobligeant pour toutes les per-
« sonnes qui sont ici. Je ne suis cepen-
« dant pas fâché de trouver l'occasion de
« vous convaincre de la vérité de ce que
« je viens d'avancer sur la situation des
« maris en France, puisque vous avez
« maintenant la preuve que, si la galan-

« terie française met certains maris en
« partage des honnêtetés que l'on fait à
« leurs épouses, il en est d'autres qui pro-
« fitent aussi quelquefois des considéra-
« tions que l'on doit avoir pour elles. »

Je m'alarmai beaucoup de la tournure dangereuse que prenait ce débat. Si d'un côté je souffrais pour ceux qui se voyaient aussi injustement offensés, de l'autre j'étais extrêmement humiliée de l'éclat scandaleux que mon mari venait de faire; et connaissant son caractère, je tremblais à l'idée des résultats fâcheux que cet éclat pouvait amener. M. de Montalban ouvrait la bouche pour répondre au chevalier, tout annonçait une explosion violente, lorsque, jetant heureusement les yeux sur moi, il s'aperçut que, pâle et tremblante, j'étais près de me trouver mal. Ses idées prirent alors un autre cours; il oublia tout pour ne s'occuper que de ma situation; il me présenta brusquement la main, et me conduisit hors du salon sans prendre congé et sans paraître faire la moindre attention à ceux qu'il abandonnait ainsi.

Nous étions à peine rendus dans mon appartement, que mon mari, rassuré sur mon compte, donna un libre cours à la violence des sentimens qui l'agitaient. Il s'exhala contre moi en reproches les plus amers et les moins mérités. Il m'accusa de coquetterie et d'inconséquence ; d'avoir encouragé la galanterie du chevalier ; de lui avoir laissé apercevoir, en applaudissant à ses étourderies, un sentiment de préférence qui avait pu conduire à lui donner des espérances ; de n'être pas aussi étrangère que je cherchais à le persuader au cadeau mystérieux que le chevalier pour son compte particulier m'avait fait présenter pour ma fête ; enfin il me reprocha de l'avoir mis dans le cas, lui, de se compromettre par un éclat désagréable vis-à-vis la société qui se trouvait rassemblée au château. Il ajouta que cette scène, rendue publique et présentée avec les couleurs dont l'esprit caustique du chevalier ne manquerait pas de la charger, le couvrirait d'un ridicule ineffaçable, et lui donnerait dans le monde la réputation d'un jaloux lorsqu'il était certainement bien éloigné de l'être. Il termina par me dire que puisque la glace était rompue il n'avait plus de ménagement à garder avec lui; que si d'après ce qui venait de se passer il n'était pas parti le lendemain, il le prierait de s'éloigner afin d'être désormais à l'abri de sa censure; et qu'enfin il voulait qu'Ursule, qui s'entendait parfaitement avec lui, et qui sous tous les rapports ne pouvait me convenir, fût congédiée sur-le-champ.

J'avoue, mon amie, que j'eus infiniment de peine à cacher la vive douleur que me firent éprouver des reproches aussi injustes qu'outrageans. Je pris ce pendant assez sur moi pour les écouter avec calme, avec résignation ; mais au moment où j'essayai de répondre je ne pus m'empêcher de fondre en larmes. Il parut d'abord très-alarmé de l'état où il me vit, et je m'aperçus que l'intérêt que je lui inspirais allait l'entraîner à un retour sur lui-même qui m'aurait peut-être justifiée d'une partie des reproches dont il venait de m'accabler ; mais convaincue que je n'aurais rien gagné à une victoire passagère que je n'aurais due qu'à l'intérêt du moment, qu'avant peu je ne manquerais pas de me voir exposée à des chagrins aussi peu mérités, et que pour m'en garantir c'était à sa raison et non à son cœur que j'avais besoin de me faire entendre, je rappelai mon courage, je retins mes larmes, et je lui répondis avec douceur que je ne me croyais coupable ni de coquetterie ni d'inconséquence, et que j'espérais ne pas mériter les reproches qu'il venait de me faire, qu'en admettant même, ce que j'ignorais, qu'il me fût échappé par inadvertance quelques imprudences, je le priais d'avoir égard à ma jeunesse, à mon inexpérience, et de continuer à m'accorder ses conseils, sa protection et son indulgence; que s'il m'était quelquefois arrivé de paraître plus gaie que d'ordinaire près du chevalier de Saunois, il n'en devait pas conclure que j'eusse pour ce cavalier aucun sentiment de préférence; qu'en m'efforçant de paraître plus gaie je n'avais cherché qu'à lui épargner l'inquiétude qu'il témoignait lorsqu'il croyait me voir triste et rêveuse; que, loin d'avoir aucune intimité particulière avec le chevalier, j'étais très-persuadée qu'il n'était pour rien dans l'envoi des trois corbeilles qui lui avait donné tant d'humeur; que je tenais si peu au monde et à ses plaisirs, que je ne le voyais que par raison et par bienséance; qu'il

avait dû remarquer que je donnais même
dans un défaut contraire, puisque je pré-
férais la retraite aux plaisirs bruyans de
la société; et que pour preuve de ma sincérité je lui déclarais que je m'estimerais
heureuse de vivre seule avec lui où il vou-
drait, et de telle manière qui lui convien-
drait; que cela s'accorderait mieux avec
mes goûts et mon caractère; que je ne
m'ennuierais jamais dans la solitude, pourvu qu'il la partageât, et que s'il arrivait
qu'il dût s'éloigner, j'irais pendant son
absence près de mon père, d'abord pour
éviter d'être absolument seule, ensuite
pour trouver à son défaut un appui et un
protecteur dont je sentais qu'à mon âge
j'avais encore besoin; que quant à Ursule, il suffisait qu'il désirât son éloignement pour me voir en cela comme en
tout aller avec empressement au-devant
de ses désirs; que cependant, comme
cette fille avait été élevée dans ma famille,

et qu'elle m'avait été recommandée en mourant par ma mère, je le priais de m'accorder un temps raisonnable pour la placer, et que, puisque je devais cesser d'en prendre soin, j'espérais qu'il me permettrait de répondre aux intentions de ma mère en lui assurant une pension viagère; que si je ne craignais d'abuser de ses bontés je le prierais de trouver bon qu'elle épousât le majordome, et de consentir à leur donner à bail l'hôtellerie du bourg dont les locataires actuels devaient incessamment se retirer. Je finis par lui dire que s'il désirait couvrir l'éclat qui venait d'avoir lieu, et empêcher l'effet désagréable qu'il pourrait faire au dehors, je lui en offrais le moyen, non en éloignant le chevalier seul, ce qui serait un très-mauvais parti, mais encore, et sans qu'on pût y trouver à redire, tous ceux qui sans exception étaient alors chez lui; que pour y parvenir j'osais d'abord lui conseiller de tourner le lendemain en plaisanterie ce qui s'était passé la veille, en se bornant à convenir qu'il avait éprouvé des regrets très-vifs d'avoir vu donner chez lui une fête à laquelle il n'avait contribué en rien ; que j'aurais soin d'abonder dans son sens et de manière à convaincre que l'humeur qu'il avait témoignée la veille n'avait eu d'autre principe qu'une amitié blessée ; qu'enfin j'aurais soin de faire arriver pendant le dîner une lettre de mon père qui nous demanderait de suite à Paris ; que nous nous absenterions pendant quelques jours, et que nous nous ferions quittes ainsi de tous ceux qui se trouvaient au château sans qu'ils aient à se plaindre de nous ; que nous nous garderions bien à l'avenir de faire de nouvelles invitations ; et que de cette manière ses désirs se trouveraient remplis sans éclat, sans offense, sans donner aucune prise à la malignité publique.

A mesure que je parlais j'observais avec satisfaction le changement qui s'opérait dans les traits de monsieur de Montalban. Je vis le ressentiment, la jalousie, le dépit s'évanouir et faire place à l'étonnement, à l'émotion, et enfin à la confusion. Après avoir porté sur moi des yeux d'abord surpris, ensuite humides d'attendrissement, il les baissa avec embarras, et son amour-propre parut vivement souffrir. Je ne laissai pas échapper cet instant décisif. Je m'approchai, je lui pris la main et la pressant avec tendresse : « Approuvez-vous, lui dis-je, mon ami, « ce que mon inexpérience ose vous pro- « poser ? S'il en était autrement, dites, « ah ! dites, rien ne me paraîtra impos- « sible, difficile, ni même pénible pour « vous satisfaire, pour vous rendre heu- « reux et tranquille. »

Il leva de nouveau les yeux sur moi, il hésitait encore, son amour-propre livrait à son cœur un combat violent; mais incapable de résister plus long-temps, vaincu par ma douceur, et faisant un effort sur lui-même, je vis avec joie l'amour et l'estime prendre le dessus des passions tumultueuses qui avaient aussi cruellement agité son cœur.

Il me saisit avec transport dans ses bras et me couvrant de baisers et de larmes : « Ah ! Isaure, s'écria-t-il, et il y
« avait long-temps qu'il ne m'avait donné
« ce nom, ah ! Isaure, femme incompa-
« rable ! Combien je rougis de ma con-
« duite, de mon injustice, de mes soup-
« çons ! Combien vos vertus m'humi-
« lient ! Que parlez-vous d'inexpérience !
« Ah ! ces vertus, déjà, et dans l'âge le
« plus tendre, vous donnent tous les avan-
« tages de l'âge mûr, toute la sagesse et
« la raison, dont inconsidérément j'avais
« cherché près de vous à me faire un vain
« titre ! Je ne balance plus à faire l'aveu

« de mes faiblesses, je n'hésite plus à vous
« rendre arbitre de mon bonheur. Ah!
« pardonnez le chagrin que je viens de
« vous causer, ce sera le dernier que vous
« éprouverez de ma vie. Indiquez-moi
« vous-même ce que je dois faire à la
« suite de la scène déplacée que je viens
« de me permettre, et dont il me tarde
« d'effacer le souvenir. Non, Isaure, ne
« renvoyons personne, ne fuyons per-
« sonne; vous n'êtes pas faite pour vivre
« dans la solitude, et loin que tant de
« vertus puissent rester ignorées, elles
« doivent au contraire être placées dans
« le plus grand jour, afin de servir
« d'exemple à tout votre sexe. Ah! dites,
« mon amie, que vous me pardonnez; et
« je pourrai peut-être alors me réconci-
« lier avec moi-même. »

Je l'embrassai à mon tour avec le plus
vif attendrissement : « Qu'ai-je à par-
« donner, lui dis-je, mon ami, quand

« les reproches que vous vous faites ne
« prennent leur source que dans l'amour
« que vous avez pour moi ! Pourquoi
« vous croirais-je coupable lorsque vous
« n'avez dans le fait à vous reprocher
« qu'un excès de prudence dans les
« moyens que vous avez cru devoir pren-
« dre pour me garantir des dangers qui
« environnent une jeune personne de
« mon âge. Mais enfin, puisque tel est
« votre avis, nous ne brusquerons rien,
« nous conserverons notre société jusqu'à
« ce qu'il lui convienne de nous quitter,
« et nous aurons soin par la suite de
« ne la composer que de personnes dont
« l'âge, le caractère et les goûts sympa-
« thiseront davantage avec les nôtres. »

Il approuva tout, applaudit à tout ; et
je t'assure qu'en remportant cette intéressante victoire sur les passions de monsieur
de Montalban, en gagnant ainsi sa confiance, et en m'assurant son estime, je me

crus bien dédommagée de tout ce que j'avais souffert, et que j'éprouvai le premier instant de bonheur et de satisfaction pure que j'aie goûté depuis mon mariage.

———

Je ne devais guère m'attendre, Julie, que cette soirée si orageuse dût se terminer d'une manière aussi satisfaisante pour nous; mais la tranquillité de mon mari fut bien troublée, lorsque ce matin on vint nous annoncer à notre réveil que le château était vide, et que toute la société était partie au point du jour avec le chevalier de Saunois. A cette annonce, monsieur de Montalban resta frappé comme d'un coup de foudre. La veille, la jalousie, l'inquiétude et le ressentiment l'avaient soutenu contre la crainte du ridicule, et l'avaient disposé à tout braver; mais maintenant, rassuré sur mon compte et entièrement dépouillé des passions violentes qui avaient obscurci sa raison, pâle, défait, silencieux et abattu, j'eus besoin de toute la journée pour le consoler, le réconcilier avec lui-même et pour rétablir le calme dans son cœur. J'y parvins cependant, et je le fis consentir à écrire, à toutes les personnes qui venaient de nous quitter, dans le sens où il était convenu qu'il leur aurait parlé, si elles ne fussent pas parties aussi brusquement, à terminer sa lettre par leur dire qu'il espérait se dédommager, pendant l'hiver à Paris, du plaisir dont un moment d'humeur venait de le priver, et à leur témoigner toute sa reconnaissance de la fête charmante qu'ils avaient bien voulu me donner. Il s'étendit encore davantage avec le chevalier de Saunois dont les sarcasmes étaient à craindre, et qui, devant être plus offensé, avait le plus besoin d'être apaisé. Enfin il trouva bon que de ma main j'ajoutasse une apostille de deux ou trois lignes, qui, quoique sous l'air de la plaisanterie, devait achever de désarmer le chevalier et le réduire au silence.

Juge, ma Julie, toi qui connais la fierté et le caractère de monsieur de Montalban, combien une telle démarche a dû lui coûter; combien j'ai à m'applaudir d'une conduite qui a produit un si heureux effet; combien enfin une semblable victoire m'offre de garanties pour l'avenir, et avec quelle reconnaissance je dois me rappeler une tendre mère, dont les sages conseils m'ont valu un semblable résultat!

Oh! ma situation est bien changée! Je possède maintenant l'estime et la confiance de mon mari; et ces sentimens me touchent bien plus que son amour! Non-seulement il a consenti au mariage d'Ursule avec le majordome, et à les garder à notre service; mais, convaincu combien depuis long-temps Carnero me déplaît, il me proposa de le renvoyer en Espagne, et je dois lui savoir d'autant plus gré de ce sacrifice, qu'il est parfaitement dupe de cet hypocrite, qu'il ne croit ni méchant, ni vicieux, ni malintentioné pour moi. Il convient seulement que cet Espagnol a une austérité de principes qui a contribué, par ses observations, à l'indisposer contre moi, à l'alarmer sur mon compte, et à amener enfin la crise fâcheuse qui nous a causé tant de chagrin.

J'aurais pu faire connaître à mon mari les tentatives criminelles de ce fourbe à mon égard ; mais je me suis arrêtée : une semblable accusation, dénuée de preuves, aurait pu, par son invraisemblance, me nuire dans l'esprit de monsieur de Montalban : cet homme était congédié, il n'était plus à craindre, et je pensais que cela devait suffire.

Mon mari voulait même que je lui annonçasse son renvoi. Non-seulement je m'y refusai, pour ne pas paraître exercer un acte de vengeance, mais encore je le priai de pourvoir, en le renvoyant, à son existence, et il y consentit. Il lui fit part le même jour en disant de ses intentions, le prévint que son départ pour Madrid aurait lieu lors de notre arrivée à Paris, et il lui laissa espérer qu'il pourrait le rappeler auprès de lui, quand ses affaires en Espagne, et dont il lui donnait la direction, seraient arrangées. Je m'aperçus, à l'extrême étonnement de Carnero, qu'il n'était dupe ni de ce prétexte ni de ces ménagemens; et quoiqu'il parût recevoir avec docilité la nouvelle de son départ, il me fut facile de lire dans son regard tout le dépit dont il était agité. Il était en quelque sorte fondé en effet à m'attribuer cette disgrâce, puisque la confiance de mon mari en lui était telle, qu'il devait s'attendre naturellement à être consulté, avant tout, sur un voyage que rien, la veille, ne semblait rendre nécessaire; aussi m'attribuant ce revers, jetait-il sur moi, à la dérobée, des yeux pleins de fureur ; mais son empire est détruit, et je ne crains plus maintenant ni sa méchanceté ni sa colère.

Il osa profiter d'un instant où monsieur de Montalban nous avait quittés pour me dire avec aigreur : — « Je ne croyais
« pas, madame, vous gêner autant ici,
« ni que vous me rendriez victime des sen-
« timens que vous m'avez inspirés. — Per-
« sonne, monsieur, lui répondis-je avec
« mépris, ne me gêne chez moi, quand
« il s'y renferme dans l'exercice des devoirs
« qui lui sont tracés, et qu'il ne s'écarte
« pas des égards qui me sont dus. Respec-
« tez la volonté de mon mari, respectez
« son épouse, si vous ne voulez perdre tout
« le fruit des bontés qu'il conserve encore
« pour vous. — Votre mari m'éloigne,
« me répliqua-t-il avec colère ; mais je le
« connais, il ne tardera pas à me rappeler;
« et vous vous repentirez peut-être de la

« rigueur avec laquelle vous m'aurez traité.
« — Sortez, monsieur, lui dis-je, ou je
« vais instruire mon mari de ces menaces;
« sortez, vous dis-je, et souvenez-vous de
« la distance qui existe entre moi et un
« individu salarié qui est attaché à mon
« service. » — Il se leva hors de lui, et
quitta à l'instant même l'appartement.

Je ne m'attendais guère, ma chère Julie, en commençant cette lettre, à la terminer d'une manière aussi satisfaisante; je suis sûre de tout le plaisir qu'elle te fera; j'espère actuellement pouvoir t'en écrire beaucoup de semblables, et que, réunies cet hiver à Paris, rien ne viendra obscurcir le bonheur dont nous jouirons, ni me distraire de l'amitié que je te porte. Adieu.

FIN DU TOME TROISIÈME.

www.ingramcontent.com/pod-product-compliance
Lightning Source LLC
Chambersburg PA
CBHW051919160426
43198CB00012B/1952